《良友》画报丛书

Liang You

良友

民国名人自传

上海科学技术文献出版社
Shanghai Scientific and Technological Literature Press

图书在版编目（CIP）数据

民国名人自传 /《〈良友〉画报丛书》编委会编．—上海：上海科学技术文献出版社，2015.1

（《良友》画报丛书）

ISBN 978-7-5439-6455-6

Ⅰ．①民… Ⅱ．①良… Ⅲ．①名人—自传—中国—民国 Ⅳ．① K820.6

中国版本图书馆 CIP 数据核字（2014）第 280379 号

责任编辑：张 树 李 莺
封面设计：周 婧

民国名人自传
《良友》画报丛书编委会 编
出版发行：上海科学技术文献出版社
地 址：上海市长乐路 746 号
邮政编码：200040
经 销：全国新华书店
印 刷：常熟市人民印刷厂
开 本：650×900 1/16
印 张：14.5
版 次：2015 年 1 月第 1 版 2015 年 1 月第 1 次印刷
书 号：ISBN 978-7-5439-6455-6
定 价：28.00 元
http://www.sstlp.com

出版说明

有这么一本民国期刊，蒋介石题赠“文化先锋”，萨空了先生称之为“中国第一本画报”，最高发行量达4万份，代售处遍及“南洋群岛及世界各埠”……当人们谈起老上海情怀，说到民国文化的摩登时代，总喜欢用它来作为佐证，它就是《良友》画报——中国现代新闻出版史上出版时间最长、发行量最大、发行范围最广的刊物。

一本《良友》画报，如何能承载这些盛誉？

从1926年创刊到1945年终刊，《良友》画报共刊行172期，载彩图400余幅，选用照片32000余张……这数以万计的照片中，最吸引人的当然是《良友》的封面女郎，她们中有电影明星留下的妩媚身影，例如好莱坞的中国影星黄柳霜，也有社交名媛的秀丽倩影（例如《色·戒》的女主角原型郑苹如），但其实这些封面女郎远远不能代表《良友》所蕴含的深远魅力。

《良友》能具有超越时代的生命力，在于它的图片代表了民国时期纪实摄影的最高水准，这些图片，每一张都堪称大时代生活的剪影画，每一册刊物都可谓是一本时代图像志。那些在内页中，看起来尺幅不是非常大的图片，每一张都是一个深入民国历史方方面面的镜头。

此次付梓出版的《良友》画报丛书包括：《民国上海生活素描》《民国社会百态》《民国百行百业》《民国猎影记》《民国读者旅行

记》《民国名人自传》，这些图书内容或有电影明星叶秋心演绎《小家庭第一课》；或在《新年的街头》，傀儡戏、纸鸢、纸花、灯市、戏法、西洋镜那么的热热闹闹；或有酱油、糖、蚕丝、汽油、木炭、纸张、油漆、汽水的制造过程；或有丰子恺、冯玉祥、洪深、马思聪、刘长春、黄柳霜、徐悲鸿等名人的袒露胸襟的自传；或有随着良友全国摄影团考察民国16省的风土人情；或有领略边疆民族生活、交通状况、名城胜景，在娓娓道来的笔触中与罕见的图片里，感触中华传统文化的魅力与传承。

为了保持《良友》的原貌，并将原刊精华准确地呈现给读者，我们仅对内容作了重排与审校，地名、人名、语言风格、一些词语的使用，以及有些标题和图片说明没有对应的英文翻译等等，我们都没有作修改，也没有加编者注，完全依照原刊，希望读者能够给予理解。

在《良友》百期纪念特刊中曾有人写道，“《良友》无人不读，《良友》无所不在”。每位读者都能在这套《良友》画报丛书中发现自己的兴趣所在，找到那么一些感动自己的细节，发掘一些与自己的生活相关的部分……倘若这活生生、热乎乎的民国画卷能让你心有所感，那只能说明，这世间，确有一些文字与图片会有无穷的魔力，在历尽岁月洗礼后仍然熠熠生辉。

这，就是《良友》的价值所在，也是我们编辑此套图书的初衷。

编　者

2014年11月6日

目录 content

名人生活回忆录

其一　我的入伍前后（冯玉祥）……1
其二　我的行政研究的开始（甘乃光）……11
其三　学画回忆（丰子恺）……19
其四　三十年来和疫菌的抗战（伍连德）……28
其五　初入社会的经验（梁寒操）……36
其七　六十年之回忆（张寿镛）……46
其八　我的打鼓时期已经过了么　戏剧电影生活的回忆（洪深）……54
其九　我的少年时代（廖世承）……63
其十·甲　运动场上十二年（刘长春）……74
其十·乙　我的体育生活（李森）……78
其十一　名记者戈公振之追忆（徐心芹）……83
其十二　童年追想曲（马思聪）……94
其十三　我的自述（黄柳霜）……102

现代成功人自述

其一　足球体育家李惠堂述：离了母胎到现在……108
其二　名画家徐悲鸿（悲鸿自述）……126

其三　六十年之回顾（著述家　邝富灼述）…………………………… 152
其四　医学与佛法（丁福保述）………………………………………… 171
其五　美国博克先生自述奋斗的一生………………………………… 184

各地名人访问（梁得所）……………………………………………… 202
鲁迅自叙传略（鲁迅）………………………………………………… 216
最近逝世之国学家梁启超……………………………………………… 219
王云五先生传略………………………………………………………… 221

名人生活回忆录其一
冯玉祥：我的入伍前后

许多人常批评我个人生活的刻苦耐劳节俭朴素，是“矫情”，是“装假”，是“矫枉过正”；其实，我成年后以至现在的生活若和我幼年时代的家庭及当时耳濡目染的穷苦状况比较一下，的确是天堂的生活。所以我常想能得一机会把我出生的家庭及一般穷人的贫苦状况，略为剖述一下，请住在都市的先生们鉴赏鉴赏。正好《良友》编者来函要求我写篇入伍的经过的文章，我就趁这机会写点我入伍前后的情形。

这篇文字，一半是我童年时期的回忆，一半是我入伍后的追记。我愿意“毫不藏丑”地照实写出来。

我家本是穷苦之家，我父亲因为受着生活的压迫，曾经三番五次地改换职业——由佃农而泥瓦匠而佣工，终于被失业的狂潮所怒卷，不得不投入为当时一般社会所鄙视的军营中了。当我记事的时候，我父亲虽已积升至保定练军的哨长；但因薪水的低微——每月八两，家口的众多，以及父亲疏财好友的天性，为着维持家庭的生活，父亲确实是费了不少的艰苦。我同我的家兄那时年纪还小，很难给我父亲一些实际的帮助，现在我想起了当时的情况来，真难为了我艰苦的父亲。

*　　*　　*　　*　　*

父亲的生活，每天在营盘里的时候多，我在家里干些什么呢？说起来倒也颇值得回忆啊！

冯氏肖像。

因为家里穷苦，天天见开门必需的七件事——柴米油盐酱醋茶，当然是煞费周章。这时候长有的工作，便是同着家兄向野地里拔草拾柴，稍稍补助家计。我常肩荷着草篮，手拿着镰刀，款款地向着野地走；有时同成群结伙的拾柴的小朋友遇在一起，嘻嘻笑笑，倒解消了我胸中不少的愁苦；有时我独自一人，放大了喉咙，来上一段梆子腔，胸际里也觉着宽阔了许多。

到麦季里，随着保定府附近的衣服褴褛的农夫，成群结伴地拔麦子去。在这里给我一个对于穷苦农民普遍接触的机会，使我能以深刻地体验到农民生活的艰苦。夏季高粱长大，必须把叶子披掉一次，才能使粮粒繁茂；保定府披叶子的规矩是敲锣，一敲锣大家都钻进高粱地里去披，谁披了谁要。我那时候赤着背，挽着腿，光着脚，在高粱地里一披就是一天，上晒下蒸，热得实在难受到万分。最可怕的是闷得发呕，脸上背上脖子上，都起了鲜红的痱子。

冬天无草可拔，同时地里没有什么可供寻找的燃料，我就到大树林里投干棒枝，方法是先用一根干棒，向树上干枝稠密的地方投去，因为冬天树枝特别干脆，很容易投下，投半天干枝，就会落下些干枝来，背到家里可以烧一两天。此外我又常穿杨叶，北方杨树多，一到隆冬，杨叶完全脱落，遍地皆是。穿杨叶的法子倒也巧妙，用一根细竹棍，一端削得尖尖的，一端系上两丈多长的绳子，就可以很快地穿一串。我冬天的生活，大部分是在穿杨叶、投干棒两项工作上度过去。

冯氏近照。

因为家穷，我小时穿的新鞋很少，所穿的大多是二鞋，说起二鞋来，怕是只有穿过二鞋的人才能道出它的原委。平常人家把穿过的七八成的旧鞋，卖给打鼓的小贩之后，打上皮跟皮包头，再经小贩的一番洗刷缝纫，外面好像新鞋似的，这就叫做二鞋。穿二鞋的当然是因为经济困难，无力购买新鞋；不过这里显然有一种缺陷，鞋的大小并不一定与自己的脚合适：也许小点，也许大点，穿长了自然脚上要生毛病。我现在所以脚有毛病的原因，就是因为我当时穿二鞋穿得太多。

最初我家住在保定府东关外二里之遥的康格庄，那时仅赁了两间西房。后来多方筹措，才典了一所房子，这房子一共七间，其中三间正房，两间厨房，两间余房；能住这多房间，这在父亲自然觉着快慰了许多，我呢？当是更是说不出的愉快。

我在童年的时候，我觉着除了“穷”与“苦”和我形影不离外，其他别无长物。我所受的穷，是真正道地的中国人所受的穷；我所受的苦，是真正道地的中国人所受的苦！我固然没有受过中产乃至小有产者子弟所享的童年的福利，就是想也很少想到。至于资本家达官豪绅的子弟，餍膏粱衣锦绣的豪奢，压根儿我就没有梦见过。我在童年所受到的“教”与“养”,就是追随我身边的“穷”与“苦”，这种穷与苦的园地，自然我所生长的穷苦的家庭，及我所处的落后的贫乏的农村。

* * * * *

人的主观的行动，受着客观存在的支配，这大概是成了一个铁的定律。因为我的家庭既然是这样穷苦，当然不容许我优游地度着黄金期的童年时代，积极地要逼着我走上长征之途，使我成为家庭生产的一员。假如我生长在富家，也许当我踏进长征之途时，正过着人生最可留恋的童年期呢！父亲既然置身行伍，所以当我十一岁时，也就补上了步兵名字，每月领三两六钱的饷银，同时我家兄也早

石担运动，冯氏每日生活之一。

已补上了骑兵。

我补兵时很费不少周折，补了好几次都未补上。保定练军是有名的父子兵，老子退伍，儿子顶补，不然就会遭上峰的批驳，所以每出一缺，就有好多人争补。有次出了一名缺，苗管带知道我父亲的苦境，就说：

“这回补冯大老爷的儿子。”

于是提笔顺便写了冯玉祥三个字。本来按我家中基字的排行，我家兄叫基道，我叫基善，因为苗管带随便一写，以后遂沿用没曾更改，这是我所以叫玉祥的由来。

我开始入伍时，正值中国急遽的转变，同时也是世界正在酝酿急变的时代。这个时代的特性所反映到中国最近史上的两个紧要关键，一个是中英鸦片战役，一个是中日甲午战役。甲午之战，我是亲自参加了，虽然我那时候对于甲午之战的历史的逻辑，尚没有精确的了解。

实际不但我是这样，就是当时一般的军人及老百姓，也根本没有认清甲午之战到底是怎么一回事！甲午战役刚起不久，保定驻军就奉命开到大沽口警备，这本是一件极平常的事。可是开拔的那一天，竟有出人意想之外的咄咄怪事！官兵个个神色沮丧，认定大沽口就是死路，就是陷人坑；官兵的家属，爸爸，妈妈，兄弟，妻子，手牵手一直排了三四里路，哭天叫地地来送行！从早晨一直闹到正午，如同出殡送丧一样！军队没有训练，国民没有知识，我亲目看见的，这是一件怎样危险可怕的事情啊！

开到大沽口后，不久已经同日本停战，我们就驻在南港，乘娴修筑炮台。因为那时年纪很小，抬不动土，我就帮着大家扫土，到晚上并常陪同父亲巡夜，开始实习营伍中的生活。在这里并且看见了李鸿章新购来的十几尊大炮，更给予我一个认识西洋物质文明的机会。

光绪二十二年由大沽口开回保定，我就常留在营盘里练习字，看些《施公案》、《彭公案》一类的小说，看的时候是半通不通、囫囵吞枣地咽下去。我在家时曾读一年零三个月的书——我家兄正读书的时候，因为生活所迫，就补上骑兵，只读了那一年的九个月，余下的三个月没读，但是束修钱已经付了先生，所以剩下的三个月，由我顶替家兄去读；接着又续读了一年。那时候束修钱一年才六吊，合现在也不过三百个大铜元。因为我有一年零三个月的书底，我在营盘里总是喜欢看些武侠小说。后来遇着一位刘贺堂先生，大号叫刘老喜，他是父亲的朋友，常说“三国”，于是我就开始尝试着看《三国演义》，同时跟他在一块练习字。当时买不

垦荒种植，冯氏每日生活之二，旁助者为其夫人。

起笔，练字的时候，就用一根细竹筒，一端栽上麻，蘸着黄泥在洋铁片上涂写，这种练习字的办法，怕是别开生面的经济办法。在营盘里同住的大多数是保定府的回回，他们下操后就回家卖羊杂碎，有的推小车，作小贩生意，等到上操的时候，他们才回来。差不多那时候我所认识的人们当中，除去苦人以外，没有一个是甜人。他们回营时，有的带着白面烙饼，这算顶好的饭食，但很不多见；其余差不多完全是带着棒子面、窝窝头到营盘里来。

满清军营中的规矩，当官长的每逢初一十五要上衙门，去的时候，骑着马，穿着开叉袍，戴上大帽子，穿上大缎靴子，衣冠很是整齐；不过正因此不幸的事就发生了！父亲上衙门去的时候，走到城门洞里，马忽然滑倒，把父亲整整地压在地下，腿肚被马千扎破，在家里一直养了好几个月的病。恰恰在这时又值军队裁并，两营合并为一营，父亲居然失业，在我所处的坎坷穷苦的当时，对我该是一种如何严重的打击和威胁呢！

父亲赋闲之后，全家的收入，只有仰仗着我的家兄同我。那时是三八打药，逢五排十打靶；三八是初三十三二十三，初八十八二十八；逢五排十是初五十五二十五，初十二十三十。打靶的时候，从家里去得很早，因为那时当兵，不必一定在营盘里就寝，除去站岗上操以外，其余的时间完全在家里，也没人干涉。我早晨去的时候，父亲痛我年岁太小，怕是打靶时间过长，每次就给我六个小制钱买烧饼，以便揣在怀里，预备饿了好掏出来吃。父亲这样亲切地关怀他的幼儿，老人家的心情，该是怎样的苦痛难过？我当时真不知道怎样领会才好啊！虽然我那时幼小，但对父亲失业的苦痛，已经深深地感受，到最后的打算，还是将这六个制钱留起来！

打药的规矩，每次每人是发五十个药条，可是这五十个药条都不打完，每人每次总剩十几条，剩下的归自己，可以卖掉换钱用。我剩下的药条卖掉钱，可以得十几个制钱，再加上留起来买烧饼的钱，可以凑够二十五个制钱，保定府语叫五十钱，我就买成猪肉回家，给我父亲炖肉吃。父亲失业已久，不消说饭盒已竟寡淡很多，这次吃饭有炖肉，在父亲怕是失业以来最欣慰的一件事！可是肉从哪里来的呢？他禁不住要问了。

“从哪里来的猪肉？”父亲刚吃头一口就问我说。

“你老人家吃吧！不必问。”我回答说。

这样一来，他越发非问不可了，我也只好将原委说出。父亲听了之后，把筷子一放，泪如泉涌般的流下来了！我现在想起这件事来，我们觉着历历如在目前。前年我在上海的时候，我吃烧饼油条，有人说我矫情，其实外人哪里知道我的底蕴呢？我有烧饼油条吃，我的生活已竟舒适了许多，如果说我过往是在苦的生活，那我现在只好说已竟升到天堂！

父亲长久失业，终非了局，于是决意回南，本来打算带我同去，可是盘费却成了极大的问题。从天津到上海，轮船价就得十两八钱银子，把家中房产典当完了，也不过十两多银子，怎么能够跟着走呢！因此遂造成我生活史上一段最惨痛的悲剧！父亲因为不能带着我走，老泪纵横；

我因为不能同父亲走，肝肠寸断；最凄惨的一幕，是在刘爷庙哭别父亲的时候！记得那天早晨从父亲起身走我就哭，一直哭到城南河岸刘爷庙，父亲遂和我抱头痛哭，直哭得鼻酸喉哽，头昏眼花！在此就同我一向从未分离的最亲爱的父亲忍痛告别！一在天之南，一在地之北，从此我就孤苦零丁地流落在保定练军。

我在保定认识的朋友，打拳的居多数，我这时最好玩的工作是：打拳，摔跤，举石子，掷沙袋子，跑坟头（保定特有的游戏）。

我每次关饷之后，常是多跑几里路，绕着东关向南大街吃平老静的牛肉馅包子，包子铺正在保定南街当铺门前，我为什么要跑这远吃这一顿包子呢？说起来倒也好笑，可以看出我那时的青年矜持性，是怎样的支配着我。

平老静曾在当铺里当一副包金镯子，赎时不知当铺伙计怎的弄错，居然给了他一副真金镯子。他深怕因为这件事情或者要逼出人命来，竟毅然决然地送回当铺。这一来惊动了当铺掌柜的心灵，除开给他悬了一块拾金不昧的匾额以外，并且当铺前边的一间大门间让给他开包子铺。我觉着能够在这样第一等人物开的包子铺里吃一顿包子，实在是一件最光荣不过的事！就是多走几里路，我也甘心！况且平老静又收容着很多习武的徒弟，刀枪棍

读书习字，五贤祠内冯氏每日生活。

棒，很容易吸引着我那时满腔充满了习武狂的心灵呢。但因此大家就喊我老冤，我也不过报之一笑罢了。

当时军队中最讲究喊操，能喊几千人的操每月便可多挣几两银子，因此我便每早到东大教场，放大了喉咙，练习“立正”，“稍息”，“托枪”，“开步走”，这一套，从未间断过；有一年大年初一早晨，我依然到操场去喊。练习的结果,居然可以喊两三千人。我所以要练习喊操的原因，一面固因我抱有上进的志向，另一面却是为着每月多赚几两纹银，可以迎养我伟大的慈爱的父亲。

勤人的社会不许懒人立足，同样，懒人的社会也不许勤人立足。因为我这样勤苦练习的结果，招致了大家的妒忌与讥笑，大家就送给我一个外号叫“外国点心”！意思是说我早晚要叫洋鬼子打死，洋鬼子来了，先用洋药丸崩死我。我听说了之后，我说那好极了，我正愿意叫外国人打死我！我因为保卫国家，抵抗强权，叫外国人打死了，我觉得是最荣幸的事！因此我特刻了一颗图章叫“外国点心”，到现在这颗图章我还保留着，有时给人家写对联还盖用这颗图章。

写到这里，我打算不再往下写了，因为我现在正写着一部《我的生活》，在这部书里，对于我的身世，一直到现在为止，我打算按照史的观点，作一个较详尽的叙述。我觉得我的生活演变到现在，无论按照哪方面来说，都应该有写出来的必要，特别在我目前所处的风雨如晦的今日。现在只好就此告一结束。

二三、十二、十。

名人生活回忆录其二
甘乃光：我的行政研究的开始

本文作者甘乃光氏近影。

至少在现在我是决定将我大部分的精力用在行政的研究上头去了。行政研究的开始，在我个人一生历史上是一个大的转机，从社会观点看来，这似乎反映出中国政治上的一种需要和倾向。我现在把我研究行政的缘起记叙一下，固然是自我的检视，而同时恐怕也是许多投身政治的人们所感到的问题的一种陈述罢！

思想的转机

像一切献身革命运动的人们那样，我从前是好谈理论的。自从国共分家以后，我痛感到理论的破产，像是各方都走不通，怀疑的苦闷使我一方面感到学问不足，他方面使我逃避行动的生活，因跑到美国去念书。在政治思想史的研究里，我却发现理论是事实之母的时候少，事实产生理论的时候多。思想动摇，愈发感到苦闷。后来在芝加哥大学碰见美国的行政学泰斗怀特教授，对行政学开始发生兴味，然而还只是想把行政学当作一种理论来研究。由美国过英国的时候，英国的实际政治给我的印象很深，我觉得英国所侧重者不是政治的理论，而是政治制度和机构的运用。在我所译的《英国劳动党的真相》里头原著者曾说，英国工党最高领袖在理论及政纲的草拟方面，还不及大陆的二三流人物，但在实际政权之运用上，英国的二三流人物也不是大陆的最高领袖所能比拟。这正道出英国政治的特点来。我在这个实际政治的雾团中虽不久，但我的思想的转机正在那时伏下了。

以身作则

回国后在上海，从事译述，曾把怀特的《行政学总论》译出，对于行政研究益感兴趣。可惜这本书已于"一·二八"之役同赴国难了。到了廿一年进内政部负责的时候，我一方面自喜此后得有研究实际行政问题的机会，他方面因为该部既不能完全运用责权，又没有充分的事业费，感到有点手足无措，差不多马上灰心起来。第一桩困难的事，就是人员的应付问题。在法治制度未立的中国，怎样使各部分的人员各称其职，彼此协调，实是行政长官的急务。我当时觉得欲达到这个目的第一个方法就是以身作则。要同事们奉公守法，自己先要奉公守法。例如按时办公就是我自己先要实行的事。我当时虽没有声言我要这样做，但事实上除了要参加会议之外，我把我一日的工作时间都用在到部办公上头，起初同事或有人笑我矫情，不会做官，但日久见惯了，部内迟到早退的事也不多见。对人和蔼，诚恳，虚心也是我当时自矢要做的，往日的高谈阔论在实际行政间实在用不着了。但因此有人以为我是豪气消沉，以一官自足，这种猜疑也只有事实来辩明的罢！人治的结果自然有以人而分的派别，我却拿“大公无私”四个字做我待人接物的标准，这自然会引起迂腐的讥评，甚至有人用恐吓的口吻拥我做部内一个小派别的领袖，我当时只付诸一笑。但是我对于这种态度的坚持，未尝不使部内各部分人员得到相当的协调。

先从小处做起

内政部现无充分的权力而经费又少，开头也是使我感到困难的一个原因。但我总相信在可能的范围内未尝不可以做事。做事当然是从本职做起，而且还要从小处做起。我这种态度马上遇到非难，有人说我专注意小事，不务其

甘氏及其亲友星期日在户外郊游时摄。

本而齐其末。其实中央行政机关所做的一件小事，它的影响也未尝不大，只要部内的书记在通令各地方政府的公文内写错了一个字，它对老百姓的影响——金钱，时间和其他方面的影响——也就很大。而且我只主张从小处做起，并没有主张把大事忽略了不做。事实上我在对全体部员讲的时候本该是事务方面的小问题。与各司长商谈的还是政务的事件。

文书档案改革

我当时注意要做的“小”事，是文书档案的改革，我一开始办公即感到公文处理的缺乏效率。本来部内人员差不多全部分都是从事于公文处理的人，单是管理收发（总收发和内收发）档案的也有四十多人，但是一件公事的发出，因手续繁复之故，非一周不行，废时失事，影响很大。我先将这个问题拿来做详细的研究，待到告相当段落后，我便在部内的纪念周报告文书改革问题，所征引的有两件实例，一为书记缮写的影响，一为现行校对方法之错误。当时有人以为我讲的题目太小了，应该换一个大题目，我不曾因为这种批评而松懈了我对于这方面的努力。我在部内推行的第一件事便是省去收发科，结果把五六个人的时间腾出来做别样的工作，而收发事务依旧进行无碍。这小小的成功推动我进一步作档案管理的研究。我们都知道，旧式的档案管理方法是完全靠人的，旧人一去，新任者便茫然不知所措。我曾到卫生署参观，引起我用卡片登记档案的试验，后来听说中央党部组织委员会的档案管理很有成绩，参观过之后，决定先试办卡片登记办法，两三月后，只有警政司肯做这种尝试，然成绩不佳，且卡片弄好之后也没有人取来应用。后进一步拿案为单位，每案为一片，令全部举办，但是除了警政司外都把这事推诿下去。全部试办的成绩，得卡片两大箱，然也不切实用，我承认这种办法是失败了，只得停止，但因此我却发现了许多新的问题，继续更切实的研究下去地结果，便是文书档案连锁办法的采用。这种办法尚在试验期中，成败尚未可必，但我相信它是离现实的解决方法较近一步了。

论文之试行

除了致力于文书档案的改革之外，同时为促使部内同事对于问题加以研究起见，实行科员办事员作研究论文的办法，规定每人须就他的职掌范围内的实际问题作报告和具体的建议。初时有人以为这只是我的一时心血来潮，论文缴上后恐怕只是束诸高阁。怎知我是把这事看得很郑重的，我记得当时阅卷常至夜深十二点钟，一点都不苟且，亲自评定甲乙丙丁。并且我还当众声明我认为这件事是应该办的，便一直办下去，只有逐渐将方法改良，决不会

甘乃光夫人及其两公子。

朝令暮更的。推行数次的结果，内政部同事中便有好些人认真把这事当作一回事，翻阅书籍，搜集材料做起来，部内图书馆的读者为之骤增。他方面，这些论文中也有好些实际有用的建议。例如有一篇论文是讲部内节省邮票的办法，并指出有某几省公文常不贴邮票，而致内政部受罚的事实。更有一篇论文指出公报印刷的浪费，应该减印若干本。这些诚然是小事，但是依从他们的建议却节省公帑币不少。

行政效率研究会成立

去岁甘氏在首都检阅警察时在检阅台上之警装。

我一方面没有放弃对欧西行政学理论的研究，他方面从事于实际行政，作上述的初步的改革实验，使我相信中国行政效率促进的必要与可能，同时却认为中国行政的革新不是单纯贩运外国的行政理论所能为力，本国应有一个行政研究的机关，把中国的行政实际问题，加以检讨，提出实验，实为急务。应该研究的问题，应该有八种，（一）组织运用（二）人事行政（三）财务行政（四）庶务行政（五）参考资料（六）施政程序。以上为普通行政机关的共通问题。（七）为各级省市县政府的个别及关系的问题

（八）为各种专门行政问题如财政交通实业等。恰巧那时行政院文书的改革方案实施后颇著成绩，汪院长独具远见，认为有进一步将中国整个行政问题加以研究的必要，于是便有行政效率研究会筹备处之设立。汪院长特别从行政院经费项下每月拨出二千元，做筹备处的经常费。当然，这事在中国实是创举，人员、设备、研究方法等等都成问题，所以我一着手筹备的时候，也曾发生过能否把这个重责担负起来的疑虑。但是那时已是答应了，只有努力干去。朋友的帮忙实是该会得以支持的一个重要原因，有几个热心而同调的朋友，甘愿受数十元的生活费，甚至纯尽义务，反贴用费，来担任研究和其他的工作。各部会的代表，也极力帮忙筹备，我因此也更加兴奋起来。舆论初时对我们是怀疑的，甚至有“又成立一新机关”的讥评，但是这只使我们警惕而更努力将事，不久舆论已转为赞助的态度，替我们鼓吹，行政效率提高的需要，渐为国人所共认。不

最近甘氏在家招待各国记者视察团时摄（中国新闻社）。

过，目前我们的困难仍然是很多，这种困难且不是外国的行政研究机关所具有的。欧美的行政研究机关或是站在纯粹科学研究的观点，来作理论的检讨，实行与否不是他们的事；或是因要作行政革新的试验而设立，在这场合，他的经费，设备都很宏大，所提出的方案之实施也有保护。我们的行政效率会既不是为纯粹理论研究而设，即作理论的研究也不能单纯凭借欧西的理论，而须根据中国现实的行政及其他状况，创造自己的理论，这已是一件艰巨的工作。其次，我们的经费，既比较支绌，设备简陋，欲作一大规模之调查，深广的研究，谈何容易。最后，我国行政革新的需要既很迫切，不要说社会对我们的期望颇深，我们自己也责效甚急，但是现在我国政治尚未完全上轨道，客观障碍至多，既有可以实行的行政改革方案，也不易拿来推行。在这种种矛盾之中，我们除了继续努力之外，便不能不企望全国人士的指导和赞助。

我的行政研究已算是开始了，它的结果怎样，当然不是由我个人所能决定。但我深信，就算是终于失败，它对于我自己，对于社会总还不至于没有一点意义罢！

廿四年正月二十日

名人生活回忆录其三
丰子恺：学画回忆

假如有人探寻我儿时的事，为我作传记或讣启，可以为我说得极漂亮："七岁入塾即擅长丹青。课余常摹古人笔意，写人物图，以为游戏。同塾年长诸生竞欲乞得其作品而珍藏之，甚至争夺殴打。师闻其事，命出画观之，不信，谓之曰：'汝其能画，立为我作至圣先师孔子像！不成，当受罚。'某从容研墨伸纸，挥毫立就，神颖哗然。师弃戒尺于地，叹曰：'吾无以教汝矣！'遂装裱其画，悬诸塾中，命诸生朝夕礼拜焉。于是亲友竞乞其画像，所作无不维妙维肖。……"百年后的人读了这段记载，便会赞叹道："七岁就有作品，真是天才！神童！"

朋友来信要我写些关于儿时学画的回忆的话。我就根据上面的一段话写些罢。上面的话都是事实，不过欠详明些，宜解说之如下：我七八岁时——到底是七岁或八岁，现在记不清楚了。但都可说，说得小了可说是照外国算法的；说得大了可说是照中国算法的。——入私塾，先读《三字经》，后来又读《千家诗》。那《千家诗》每页的上端有一幅木板画，记得第一幅画的是一只大象，和一个人，在那里耕田，后来我知道这是《二十四孝》中的"大舜耕田图"。但当时并不知道画的是甚么意思，只觉得看上端的画，比读下面的"云淡风轻近午天"有趣。我家开着染坊店，我向染匠司务讨些颜料来，溶化在小盅子里，用笔醮了为书上的单色画着色，涂一只红象，一个蓝人，一片紫地，

万籁鸣为丰子恺氏剪影。

自以为得意。但那书的纸不是道林纸，而是很薄的中国纸，颜料涂在上面的纸上，会渗透下面好几层。我的颜料笔又吸得饱，透得更深。等得着好色，翻开书来一看，下面七八页上，都有一只红象，一个蓝人，和一片紫地，好像用三色版套印的。

第二天上书的时候，父亲——就是我的先生——就骂，几乎要打手心；被母亲不知大姐劝住了，终于没有打。我抽抽咽咽地哭了一顿，把颜料盅子藏在扶梯底下了。晚上，等到先生——就是我的父亲——上鸦片馆去了，我再向扶梯底下取出颜料盅子，叫红英——管我的女仆——到店堂里去偷几张煤头纸来，就在扶梯底下的半桌上的“洋油手照”底下描色彩画。画一个红人，一只蓝狗，一间紫房子……这些画的最初的鉴赏者，便是红英。后来母亲和诸姐也看到了，她们都说“好”可是我没有给父亲看，防恐吃手心。这就叫做，“七岁入塾即擅长丹青”。况且向染坊店里讨来的颜料不止丹和青呢！

后来，我在父亲晒书的时候找到了一部人物画谱，翻一翻，看见里面花头很多，便偷偷地取出了，藏在自己的抽斗里。晚上，又偷偷地拿到扶梯底下的半桌上去给红英看。这会不想再在书上着色；却想照样描几幅看。但是一幅也描不像。亏得红英想工好，教我向习字簿上撕下一张纸来，印着了描。记得最初印着描的是人物谱上的柳柳州像。当时第一次印描没有经验，笔上墨水吸得太饱，习字簿上的纸又太薄，结果描是描成了，但原本上渗透了墨水，弄得很龌龊，曾经受大姐的责骂；这本书至今还存在，最近我晒旧书时候还翻出这个弄龌龊了的柳柳州像来看：穿了很长的袍子，两臂高高地向左右伸起，仰了头作大笑状。但周身都是斑斓的墨点，便是我当日印上去的。回思我当日最初就印这幅画的原因，大概是为了他高举两臂作大笑状，好像我的父亲打呵欠的模样，所以特别有兴味罢。后来，我的"印画"的技术渐渐进步。十二三岁的时候，（父亲已经弃世，我在另一私塾读书了。）我已把这本人物谱，统统印完。所用的纸是雪白的连史纸，而且所印的画都着色。着色所用的颜料仍旧是染坊里的，但不复用原色，我自己会配出各种的间色来，在画上施以复杂华丽的色彩，同塾的学生看了都很欢喜，大家说"比原本上的好看得多！"而且大家问我讨画，拿去贴在灶间里，当作灶君菩萨；或者贴在床前，当作新年里买的"花纸儿"。所以说我"课余常摹古人笔意，写人物花鸟之图，以为游戏。同塾年长诸生竞欲乞得其作品，而珍藏之"，也都有因；不过其事实是如此。

至于学生夺画像殴打，先生请我写至圣先师孔子像，悬诸塾中，命诸生晨夕礼拜，也都是确凿的事实。你听我说罢：那时候我们在私塾中弄画，同在现在社会里抽鸦片一样是不敢公开的。我好像是一个土贩或私售灯吃的；同学们好像是上了瘾的鸦片鬼，大家在暗头里作勾当。先生坐在案桌上的时候，我们的画具和画都藏好，大家一摇一摆地读幼学书，等到下午照例一个大块头来拖先生出去吃茶了，我们便拿出来弄画。我先一幅幅地印出来，然后一幅幅地涂颜料。同学们便像看病时向医生挂号一样，依次认定自己所欲得的画。得画的人对我有一种报酬，但不是稿费或润笔，而是种种玩意儿：金铃子一对连纸匣；揠空老菱壳一只，可以加上绳子去当作陀螺抽的；"云"字顺治铜钱一枚；（注：有的顺治铜钱，后面有一个字，字共有二十种。我们儿时听大人说，积受了一套用绳编成宝剑形状，挂在床上，夜间一切鬼都不敢来。但其中，好像是"云"字，最不易得；往往为缺少此一字而编不成宝剑。故这种铜钱在当时的我们之间是一种贵重的赠品。）或者铜管子（就是当时炮船上新用的后膛枪的枪子弹的壳）一个。有一次，两个同学为交换一张画，意见冲突，相打起来，被先生知道了。先生审问之下，知道相打的原因是为画；追求画的来源，知道是我所作，便厉声喊我走过去。我料想是要吃戒尺了，低着头不睬，但觉得手心里火热了。终于先生走过来了。我已吓得魂不附体；但他走到我的座位旁边，并不拉我的手。却问我"这画是不是你画的？"我回答一个"是"字，预备吃戒尺了。他把我的身体拉开，抽开我的抽斗，搜查起来。我的画谱，颜料，以及印好而未着色的画，就都被他搜出。我以为这些东西要全被没收了；结果不然，他但把画谱拿了去，坐在自己的椅子上一张一张地观赏起来。过了好一会，先生旋转头来叱一声“读！”大家朗朗地读“混沌初开，乾坤始奠……”这件案子便停顿了。我偷眼看先生，见他把画谱一张一张地翻下去，一直翻到底。放假的时候我挟了书包走到他面前去作一个揖，他换了一种与前不同的语气对我说，“这书明天给你。”

明天早上我到塾,先生翻出画谱中的孔子像,对我说：“你能看了样画一个大的么？”我没有防到先生也会要我画起画来,有些“受宠若惊”的感觉,支吾地回答说“能”。其实我向来只是“印”，不能“放大”。这个“能”字是被先生的威严吓出来的。说出之后心头发一阵闷，好像一块大石头吞在肚里了。先生继续说：“我去买张纸来，你给

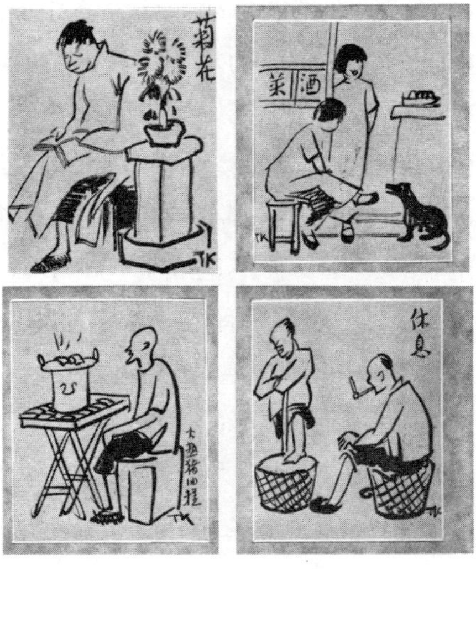

丰氏漫画近作。

我放大了画一张，也要着色彩的！”我只得说“好”。同学们看见先生要我画画了，大家装出惊奇和羡慕的脸色，对着我看。我却带着一肚皮心事，直到放假。

放假时我挟了书包和先生交给我的一张纸回家，便去同大姐商量。大姐教我，用一张画方格子的纸，套在画谱的书页中间，画谱纸很薄，孔子像就有经纬格子范围着了。大姐又拿缝纫用的尺和粉线袋给我在先生交给我的大纸上弹了大方格子，然后向镜箱中取出她画眉毛用的柳条枝来，烧一烧焦，教我依格子放大的画法。那时候我们家里还没有铅笔和三角板，米突尺，我现在回想大姐所教我的画法，实在可以佩服。我依照她的指导，竟用柳条枝把一个孔子像的底稿描成了。同画谱上的完全一样，不过大得多，同我自己的身体差不多大。我伴着了热烈的兴味，用毛笔勾出线条；又用大盆子调了多量的颜料，着上色彩，一个鲜明华丽而伟大的孔子像就出现在纸上。店里的伙计，作坊里的司务，看见了这幅孔子像，大家说“出色”！还有几个老妈子，尤加热烈地称赞我的“聪明”和画的“齐整”，并且说：“将来哥儿给我画个容像，死了挂在灵前，也占些风光。”我在这许多伙计、司务和老妈子的盛称声中，俨然地成了一个小画家。但听到老妈子要托我画容像，心中却有些儿着慌。我原来只会“依样画葫芦”的！全靠那格子放大的枪花，把书上的小画改成为我的“大作”；又全靠那颜料的文饰，使书上的线描一变而为我的“丹青”。格子放大是大姐教我的，颜料是染匠司务给我的，归到我自己名下的工作，仍旧只有“依样画葫芦”。如今老妈子要我画容像，说“不会画”有伤体面；说“会画”将来如何兑现？且置之不答，先把画缴给先生去。先生看了点点头。次日画就粘贴在堂名匾下的板壁上。学生们每天早上到塾，两手捧着书包向它拜一下；晚上散学，再向它拜一下。我也如此。

自从我的“大作”在塾中的堂前发表以后，同学们就给我一个绰号“画家”。每天来访先生的大块头看了画，点点头对先生说：“可以。”这时候学校初兴，先生忽然要把我们的私塾大加改良了。他买一架风琴来，自己先练习几天,然后教我们唱“男儿第一志气高,年纪不妨小”的歌。又请一个朋友来教我们学体操。我们都很高兴。有一天，先生呼我走过去，拿出一本书和一大块黄布来，和蔼地对我说：“你给我在这黄布上画一条龙，”又翻开书来，继续说，“照这条一样。”原来这是体操时用的国旗。我接受了这命令，只得又去同大姐商量；再用老法子把龙放大，然后描线，涂色。但这会的颜料不是从染坊店里拿来，是由先生买来的铅粉、牛皮胶和红黄蓝各种颜料。我把牛皮胶煮溶了，加入铅粉，调制各种不透明的颜料，涂到黄布上，同西洋中世纪的 Freseco 画法相似。龙旗画成了，就被高高地张在竹竿上，引导学生通过市镇，到野外去体操。我悔不在体操后把那龙旗藏过了，好让我的传记里添两句：“其画龙点睛后忽不见，盖已乘云上天矣。”我的“画家”绰号自此更盛行；而老妈子的画像也催促得更紧了。

我再同大姐商量。她说二姐丈会画肖像，叫我到他家去“偷关子”。我到二姐丈家果然看见他们有种种特别的画具，玻璃九宫格，擦笔，Coute 米突尺，三角板。我向二姐丈请教了些画法，借了些画具；又借了一包照片来，作为练习的粉本。因为那时我们家乡地方没有照相馆，我家里没有可用玻璃格子放大的四寸半身照片。回家以后，我每天放学后就埋头在擦笔照相画中。这原是为了老妈子的要求而“抱佛脚”的；可是她没有照相，只有一个人。我的玻璃格子不能罩到她的脸孔上去，没有办法给她画像。天下事有会巧妙地解决的。大姐在我借来的一包粉本中选出某老妇人的一张照片来，说：“把这个人的下巴改尖些，就活像我们的老妈子了！”我依计而行，果然画了一幅八九分像的肖像画，外加在擦笔上面涂以漂亮的淡彩：粉红色的肌肉，翠蓝色的上衣，花带镶边；耳朵上外加挂着一双金黄色的珠耳环。老妈子看见珠耳环心花盛开，即使完全不像，也说“像”了。自此以后，亲戚家死了人我就有差使——画容像。活着的亲戚也拿一张小照来叫我放放大，挂在厢房里；预备将来可现成地移挂在灵前。我十七岁出外求学，年假暑假回家时还常常接受这种兼务生意。直到我十九岁时，从先生学了木炭写生画，读了美术的论著，方才把此业抛弃。到现在，在故乡的几位老伯伯和老太太之间，我的擦笔肖像画家的名誉依旧健在；不过他们大都以为我近来“不肯”画了，不再来请教我。前年还有一位老太太把她的新死了的丈夫的四寸照片寄到我上海的寓所来，哀怨地托我写照。此道我久已生疏，早已没有画具；况且又没有时间和兴味。但无法对她说明，就把照片送到霞飞路的某照相馆里，托他们放大为廿四寸的，寄了去。后遂无问津者。

假如我早得学木炭写生画，早得受美术论著的指导，我的学画不会走这条崎岖的小径。唉，可笑的回忆，可耻的回忆，写在这里，给世间学画的人作借镜罢。

本文作者丰子恺先生近影。

名人生活回忆录其四

伍连德：三十年来和疫菌的抗战

我是于民国纪元前三十三年生在南洋的槟榔屿的。我的父亲原是广东台山人，因为谋生到了槟城。我的母亲是一个马来华侨。槟城学校都是用英文授课的，所以在童年时代，我就没有读国文的机会。我在七岁的时候进了槟城免费学校，攻读几近十年。主要功课是英文文学，英国历史，英国地理，拉丁文几何等课目。我在学校的时候，曾得了不少的奖。其中最难得的要算是皇后奖学金。欲得奖金者必须赴星加坡参加考试，我一共考了三次：第一次及第二次均因我的年纪太轻未被录取；直到第三次才偿了我的心愿，终于获得该项奖金，我可以转入英国剑桥义曼留学院做一个医科学生了。奖金数额为二百镑，还要被英政府扣去所得税若干，所剩下的也就不甚丰裕了。只得竭力节省，总算能够勉强维持。第一年费用很大，又是一个新学生，所以觉得最苦。但是我幸喜有一位仁慈的教师，得了他的鼓励不少；这位教师就是萧恩博士，曾任伦敦气象局局长的。第二年我又得了四十镑奖金，因此可以还了一点旧债，第三年运气更好，得了第一荣誉，并获得奖金五十镑。是年秋间我转往伦敦去应圣玛丽实习医院的大学奖金考试，结果又幸获奖。这一笔奖金共计四百五十镑，足够我实习三年的学费。伦敦的学生生活不像剑桥，非常安静。但是对于各科实习机会甚多，我开始觉到医术与人生关系的重要，那时便下了决心，将来学成后为祖国服务，以期在医务上能有所改进。

本文作者伍连德博士近影。

在伦敦差不多实习了二年半，我就在一九〇二年四月间得了剑桥的医学士学位。同班的共有一百三十五人，只有我一个人费了五年零三个月的时间修完全部课程，并且还得了一个金质奖章及病理学科的奖学金。有人说得好：毕业是开始学习，我那时的急切问题也就是如何可以增加我的经验。恰巧我的母校义曼留学院给我一百五十镑研究学金，我得了这个机会，就可以做点研究工作了。起先在利物浦热带病学校罗斯博士指导之下作热带病的研究，后往德法两国继续研究。我的主要研究为疟疾与破伤风，同时我得与科学界名人朝夕过从，受益不少。我的德法文也是无师自习的。因为我常喜与彼邦人士混在一块儿；所以进步得很快。一九〇三年的春天，我回往英国，就用我研究所得的结果去应剑桥医学博士考试，幸获及格。我的论文题目就是“破伤风之研究”。我又在伦敦一个肺病医院里担任六个月驻院医师，因此我对于肺痨也有相当的研究。

后来我就回到南洋加入科纳仑布医学研究所专门研究脚气病。因为印度及南洋方面死于这种病的人很多，不久我在我的故乡槟城开业，应诊三年之后，我的经济方面才较为宽裕。但是我始终觉得不满足，因为我总想做一点较大的医务事业，同时我也想得个机会为祖国服务。在一九〇六年我与我的朋友开始参加禁烟工作，设法筹款开办免费戒烟医院，同时祖国人士也都大声疾呼群起抗毒了。

一九〇五年八月，我与福州黄秀琼女士结婚。我认识黄女士是在星加坡名医林文庆博士的家里，林夫人就是黄女士的长姐。我们婚后的生活是非常美满的。她欢喜文学，复酷爱美术。她现已完成了三部有价值的著作，就是《杨贵妃》、《西施》和《昭君》。都是用英文写的，文笔非常生动，除得了国内一般读者的好评外，欧美各国人士亦互相争诵，这可说是她努力文学的报酬。我们的儿子长庚是一九〇六年生的。他先后在美国耶鲁大学，约翰霍金丝大学，及罗吉斯德大学专攻公共卫生，得授医学博士，于去年底归国。现供职北平市卫生局。

我第一次回祖国是在民国纪元前五年的七月，那时满清政府还没有推翻，我应直隶总督袁世凯氏之聘，就任北洋军医处的职务。旋复被派往伦敦柏林考察军医事宜。次年回国，蒙海军大臣谭学衡氏的推荐，任天津北洋陆军医学院帮办，那时我竭力主张开办一所新式陆军医院，但始终未邀上峰核准。

一九一〇年十二月，东三省发见肺疫流行，我就被派往防疫。这次流行的猛烈，凡熟悉近代历史者都知道的。死亡率差不多为百分之百，但是同时却给我们一个很难得的研究机会。我那时总算是一个小小的首领，率了一班医务军警人员，努力工作。最紧张的一幕，就是我要求清廷准许将三千具暴露的疫尸火化，因此疫势为之大杀，不久也就扑灭了。因为这次防疫的成功，次年四月，清廷又派我和外务部施参事肇基主持东北防疫会议。列席的有十一国专家代表，我被推为主席。这次会议通过了一个很重要的议案，就是“东北防疫处”的设立。同时清廷因为我的微劳，赐以陆军蓝顶军衔，又赐进士出身。

伍夫人黄秀琼女士，擅文学，曾著英文作品三本。

东北防疫处于一九一二年成立。以东三省总督赵尔巽氏的赞助，共发开办费十八万元，以备建筑及购置设备之用；并由海关年拨经常费十二万元，我早年建设新医院的志愿，也就因此实现。先后在哈尔滨三姓拉哈苏苏大黑河满洲里及营口等处建了新式防疫医院，以哈尔滨的规模最大，占地三十余亩。除医院外，附设有总办公处，研究所，化验室，藏书室及博物馆等。我在清廷将覆的时候是一个很忙的人。在东北防疫会议后即被派往海牙出席鸦片会议，并与其他二代表签订著名之一九一二年海牙鸦片公约。次年又偕颜惠庆博士出席海牙第二次鸦片会议，民国成立后，我被聘为大总统府侍从医官，连任计十余年。

我虽为粤人，但是到华南的机会不多。民国四年，香港大学赠我法学博士名誉学位，我方赴港一行，并顺游广州。次年因为中华医学会在广州开二次年会，我又到了广

伍氏出巡时穿着海港检疫处处长制服时所摄。

州一次。同年前财政总长周学熙氏在北平西山招我往见，托我代他计划开办一所肺病疗养院。因为西山有松柏参天的幽美环境，正是一个疗养肺病的好所在。但我却劝他不如在北京城内中心区域开办一所范模普通医院，范围较广，且适合实际上的需要。周氏也赞同我的主张，就召集当地官绅及慈善家开了一次会议，议决除筹款外，由周氏先于盐余项下拨洋十二万元，并组织一委员会专司其事。这样就产生了现在著盛名的北平中央医院。我被推为组织委员，并兼医务长，所有募捐建筑及设备事宜，均由我负责。建筑费共用了三十余万元，于民国七年正月正式开幕，一切设备均为最新式的，在那时可算国内一所最完美的医院。我记得大连南满铁路医院院长曾要了我们的图样去做参考。

民国六年年底，肺疫又流行了。这次是发源于内蒙侵入绥陕。我偕同美籍教会医士二人及助手多人，赴绥组织防疫总事务所于丰镇。当地民众智识未开，对于我们很是怀疑；我们所乘的专车几被焚去。这次疫菌的流行，计死去一万六千余人。自流行以迄止息，共有七月之久。

第二次的东北肺疫流行，是在民国九年的冬天。但因我们已有了相当的组织和准备，故罹疫死亡者连俄属西比利亚在内，只有八千余人，——第一次流行差不多死去六万人，两次流行相隔十年；在这十年中，东北的人口却增加了一倍；我们的防疫人员继续研究，对于这恶疫的来源，有了一个很重要的发见：就是有种蒙古旱獭，大小同猫一样，是肺菌疫的保留者；常由猎户先受传染，引起流行。我们不能禁止他们打猎，只好替他们施行预防注射，及獭皮消毒，以减少人类的被染。

十一年夏，因为圣约翰大学赠我科学博士名誉学位，我到上海走了一遭。次年我应奉天（即今辽宁）督军张作霖氏之召，替他在沈阳建了一所医院，就是现在的东北医院；能容病人五百人，由月台直通车站，该院建筑费共费洋七万元。翌年，我得了洛克菲洛基金委员会的卫生奖学金，便即赴美专事研究最新卫生工作。并在约翰霍金丝大学研究公共卫生年余，又得了一个博士学位。远在第一次东北肺疫流行的时候，我就打算完成一种论肺疫的专籍，终于在民国十五年的秋间给我写成，由国联卫生部印行出版。同时我用了这篇费时十五年的著作，去应日本东京帝国大

伍氏及其公子长庚先生（与伍氏并立者）于去岁自美归国时摄，立左右者皆为伍氏之侄。

学的医学博士考试，结果我得授医学博士学位。

民国十六年春，应国联卫生部之聘，往欧洲去考察卫生事宜。我由哈尔滨动身，取道西比利亚，历游欧洲诸大名城，阅时虽只四个月，但因均为旧游之地，又幸通英法德语言，所以在这短期内所看到的比较一般旅行者为多。战后的欧洲，较之战前的欧洲完全不同，我所得到的印象甚是深切。无论战胜国或战败国，均一致努力，适应新环境的需要；在医务方面，亦有一种新的气象。是年年底，我赶往印度加尔格答出席第七次远东热带病学会议，在印度共三个月，我的足迹走遍了全印，行程一万二千英里，仅从旅行的意义上说，也可算是壮游了。

南京国民政府成立后，于财政外交各部以外，添设了卫生部。薛笃弼氏辞职后，长部的是刘瑞恒氏，对于卫生行政有很多的革新。民国十九年，政府任我为卫生部技监，不久又被派充海港检疫处处长，兼上海海港检疫所所长，直到现在，差不多已经有五年了。在这五年中，我与同人努力检疫工作，天津、塘沽、秦皇岛、厦门、汕头、武汉各检疫分所，亦均次第成立。

“一·二八”上海发生中日战事时，我与同人自动参加救护工作，直至战事终止。是年夏季上海霍乱流行，来势颇为凶猛。所幸我们在上一年有了一个小组织，名为中央防止霍乱临时事务所，联合上海本埠各卫生当局，共同负责。我被推为主席。因为我们有了这种组织，所以扑灭起来容易很多。但这次上海患者仍超出四千余人之多，内中死去的也有三百余人。上海是东方第一港口，为检疫便利起见，我觉得应有一所最新式的检疫医院。去年就在吴淞海滨饭店旧址开始建筑，现已完工。这新医院所在的地点，堪称适当，交通亦很便利。

我很喜欢旅行。恰巧我的旅行机会很多，每年我要到华北及华南视察检疫状况各一次。民国二十年及二十三年，我又被派往国外两次，均是到日内瓦出席国联卫生部的万国卫生会议。

我现在虽是卫生行政人员，但对于医务社会及文化事业都很喜欢参加。我所加入的团体有十余种之多。如中华医学会、中华麻疯救济会、中国防痨协会、公共卫生学会、中国科学社、亚洲文会、国际问题研究会、太平洋协会及中国评论周报社等。上海亚洲文会演讲厅的建筑费，大部分是我个人捐助的。因此那个讲厅也就用了我的姓名做厅名。

这一篇回忆是记账式似的写了许多，让我暂告一结束罢。我不是一个文学家，没有生花的妙笔。读者诸君读了这篇东西之后，如果觉得枯燥乏味，这却不能怪我了。

我觉得一个人择定了他的工作后就应该认真去做。千万不可敷衍因循，如果是本着良心做事，便不可怕负责任。所以我写这篇文字的目的，是在把我个人求学及服务的经过照实地写出来，或者可以给努力奋斗的青年们一点鼓励罢。

伍夫人之又一影，在北平颐和园摄。

名人生活回忆录其五
梁寒操：初入社会的经验

《良友》杂志编者马国亮先生，前天有信来，要我替《良友》写一篇文章，指定的题目是“初入社会的经验”。

我接到了这封信，就不由不想想：马先生为什么要我做这篇东西？经过了一番的推测，我以为总有两个理由，大概是不会十分错的。

第一、《良友》是现代中国青年所爱阅的一种刊物，每期的稿子总找些能够引起青年兴趣，充实青年知识的材料；初入社会的经验这一类题目，于青年的阅者当然是有吸引力的。

第二、社会上很多人都晓得我是一个穷苦的读书人，年少的时间便受饥寒的驱迫，出社会来做事了。现在年纪虽还未老，可是在社会上的经验，当然也不算少。要我把初入社会的经验告诉他人，也许足以供他人的借鉴的。

根据上面的推测，我就把我自入社会到现在这二三十年间的经过，作一番有味的回溯，然后拣择其中较为有趣，而且自认为是阅历有得的几桩小事，把它一一记述起来，好向马先生塞责罢。

在此先要说明的：本题之所谓社会，其意义究何指？在一般人的谈话当中，常常以家庭、社会这三个名词分别列举；那所谓社会、是和家庭、学校有别的，可说是狭义的社会。但社会这一个名词，还有一个广义的说法，即所谓“人群”。“社会”一名词在中国人还未曾习用之前，都是用“群”这一个字的。所以严几道先生翻译斯宾塞的《社会学导论》就命名曰《群学肄言》。我这篇所说的初入社会的经验，是指广义的社会的。

本文作者梁寒操氏近影。

我助人人，人人助我

说到我初入社会的经验，第一桩令我不能忘怀的，是八岁至十一岁在私塾念书的时期：那时一班同窗共砚的小朋友，对我的友谊，真是再好没有了。有的在早起时帮我洗脸梳辫子的；有的在吃饭的时间帮我夹菜的；还有在临睡时给我挂蚊帐、打蚊子的；也有在放假的时候请我吃点心的。我如今回想；我究竟得什么“人缘”，会得他们这般热情的帮助呢？大概一则因为我在他们当中是年龄最小的一个，他们都乐得尽扶助的责任。二则因为我自幼就受了家庭的教训，最乐意帮助他人。我的父亲——梁梦符——本是生来具有侠性，最好排难解纷，急人之急的。他曾经为过一个朋友的儿子——名字叫做陈达——在前清水师提督李准部下当兵，晚间失去了一根枪，要判处死刑；为受了陈某父亲的哀求，竟毅然答应牺牲了几十天的光阴去替他营救。后来亲赴虎门冒认为陈达的舅父，上书李准请求恩释。第一次呈文就得了批示，说是：“非寻常疏忽可比，应照营规惩办，毋庸妄渎！”差不多绝望了。但他本着救人救到底的宗旨，仍不灰心；后来再

梁氏十八年八月在沈阳东陵时摄。

想尽种种方法，经过了许许多多的困难，卒于救了这位陈达的性命。这是我父亲平生最得意的一件事。他平时教导儿子，也总把这种急人之急的道理，啰嗦地一大串说不完。我在髫龄时受了父亲这种影响，所以当读书的时候、也就最爱帮小朋友的忙。小朋友每星期两回的文课，托我替他修改润饰然后交卷的，着实不在少数。我能以这样帮忙他们，他们对我自然也有好感，在别的许多事上，我却靠着他们的帮助了。这虽然是很小的事，可是我认为其中却包含着社会的至理。这就是“我助人人，人人助我。”“我助人人”我可以得很大的安乐；“人人助我”我可以讨许多的便宜。社会的维系，说是靠这两句话、也何尝不可？

人家即使对不住你，你也不要仇恨人家

第二桩令我不能忘怀的、是我在十二岁时投考三水高等小学这一件事。我原籍广东高要，却生长在三水县的一个小镇——西南埠——六岁至十一岁就在西南埠读书的。我的父亲在当时是较有新知识的人，所以便约了几位相熟的朋友，共同聘请了有些曾在武备学堂法政学堂毕业的先生开设一所专塾来教导我们。我到了十二岁时、虽然未曾

经过初等小学毕业，但对于当时小学应备的国文、算术、历史、地理等等科目的知识，都已经懂得了。因此、我父亲就带我到三水县城，去投考县立的高等小学，希望他的儿子将来高小毕业、就可以得到等于“秀才”的地位，也不负他一番的教育苦心。当时入校报名，

立法院办公室中之梁氏。

原写明籍贯高要的。到放榜那一天，我居然列在首名，那父亲当时真是如何的高兴呢！可是天下事真是常常出人意料之外，开学当天的清晨，父亲带着我把书箱行李正要搬进学校，那位校长先生却忽然来个霹雳一声，对父亲说：“这所学校是三水县立的，你们不是三水人，恕我不能接受。请你另外找别的学校罢！”几经婉求，竟毫无商量之余地。我当时急得哭出来了。父亲受了这种刺激，当然也是愤愤不平。后来才定了主意，很生气地对我说：“我们还是回我们本县去。”于是马上又把带来的书箱、行李搬到河口，由河口搭三四小时的小火轮回到高要县城。那时高要县立高小、和肇庆府中学都正在招生。我本来只想考高小的，为听了一位世好的怂恿，同时花多了一块钱，在中学也报了一个名。中学考期是在先的，我果然也被考取、而且名列前茅。那时我父亲真是快活极了。当时他很和悦地对我说：“阿翰，（——我的原名是‘翰藻’二字——）没有那位校长的压迫，你今天哪里能进中学呢？所谓‘塞翁失马，

安知非福’，真是一点也不错！”我当年幼稚的心，自然也起了一种兀傲的自负，像吐了一口大气的样子。如今回忆起来，我觉得这件事对于我的一生实有很大的教训。这教训是什么呢？就是“人家即使对不住你，你也不要仇恨人家,安知那不就是‘玉汝于成’的呢？”能够有这种觉悟，你就自然不怨不尤，具乐观奋斗的精神，向人生的前路大踏步迈进了。

人有了自信力，便可以克胜任何的困难

第三桩令我不能忘怀的，是十六岁初当小学教师这一件事。当时我刚由肇庆中学毕了业，因为家境困难，无力再升学了。本来有一位同班毕业的同学，要约我到一县的县公署他父亲那里当一名书记的，但同时在新会江门的一所私立明德小学校，又要聘我当一位教师。我当时想想：小学教师虽然薪水少些，但究竟是受人礼聘，较之依人篱下去当书记实在好些，于是马上便接受了那小学的开聘。收拾好行李，辞别了家庭，挟着一种忐忑不宁像新嫁娘出门的心情，就到了从来没到过的江门，访了那从来没会过面的校长。接洽过后，立刻搬到学校里住下了，征尘甫定、自然不免要把这所学校下一番观察。原来校里的学生、有许多竟比我年纪还大，而且也有已娶妻生子的了。小住几天已陆续听见有些学生在窃窃私语——实在有点故意要使我晓得的——说：像这小孩子般的先生，怎么样配教他们？我当时真是苦闷极了，自然地起了一种人生的悲哀、世上吃饭难的感叹。但既已来了，也只好硬着头皮干去，不

理其他，明日之事明日再算而已。而且我自己想想：这不过是一所小学，我是一个中学毕业的高材生，在智识程度上我有什么不可以教你们？有了这种自信，心里即静定起来。到了开学那一天，那校长陪着我到了课堂，经过照例几句话的介绍，我于是开始我从没尝试过的讲授生涯了。小学的课程以一个中学毕业生来担任，那自然是不会不称职的。况且经过我一番充足的预备，便更能使学生动听、学生满意，我看见那班学生、初时本有藐视的不高兴的表情，后来却渐渐满脸显出乐意听受的态度了。到了饭后休息的时间、有好几个学生，且跑到我的房间作殷殷的问讯呢。这个经验、使我知道人有了自信力，便可以克胜任何的困难，而教授的诀秘，最重要的，便是第一回与学生见面的时候，必须把你所担任功课、作充足的预备。如是者过了这小学教师的生活，足足两年，后来碰着广东高等师范有恢复免费生的机会，我就考进了广东高师，又来再当学生。

能诚与仁，自必有勇

第四桩令我不能忘怀的，是当民国十四年我在中央党部设立的宣传员养成所担任义务教授时，和学生们在课室里讨论反对基督教问题这一件事。我是在民国七年就相信了基督教，从广东高师出来以后，还当了几年教会学校的教员和董事，一直到了民国十四年才舍弃了学校的职务，改在党务和政治上努力。当民国十四年间、广州正是所谓赤化左倾的时期，反基督教的运动和反帝、反资本主义的运动也在同样地猛烈进行。记得那一天将近圣诞节、正是他们的反基督教周；我原是担任讲授列强侵略史的，到了讲堂时，忽然见着黑板上写满了五个大字“打倒基督教”，学生们大概都晓得我是个基督徒，这番要故意和我开开玩笑罢。我登了讲坛以后，却不慌不忙地坐下来，含着笑对他们说：我今天就暂停一次不讲列强侵略，和诸位讨论这个问题好不好？他们都说很好。我于是先把什么是基督教？基督教与三民主义有什么关系？中山先生为什么也信基督教？基督教的精义是什么？外国教会受了条约的庇护是不是基督教本身的过错？我们能不能因为反对不良的教会、教徒，就笼统地说要打倒基督教？这种种问题，都详细说明了。出乎我意料之外的，他们听过后竟完全没有一些叫嚣令人难受的恶意的反驳。虽不见得他们便都完全心悦诚服、马上要做基督徒，但至少他们总认我的理论是有相当

十六年夏在汉口公寓庭院中小憩之梁氏。

的理由，我这一个基督徒的教师，还不致受一班反基督教学生的驱逐，还可以被他们承认是革命的同志，我却很可以引为自慰了。过了几天、广州《民国日报》发刊反基督教专号，我又去见当时日报社长陈孚木先生，和他打交涉。说明我们的党纲、是人人有信仰宗教之完全自由的，我们的党报为什么可以发行这种专号呢？退一步说，言论是完全自由的，那反对基督教的文字既可以登，至少维护基督教的文字也可以登，那才见得公平。后来陈先生果然答应了我的要求，替我在《民国日报》刊载一篇长万数千言的反基督教运动批评；一般反基督教最剧烈的左倾青年看了，也无如之何。这个经验给我的教训是很大的，使我知道：能诚与仁，自必有勇。你遇着了什么狂风骇浪，你都可以不忧不惧，何须滑头，更何须畏缩呢！

无论做什么事，如果能够集中精力整顿精神去做，就断无失败之理

第五桩令我不忘怀的，是当民国十三年七月我在广州市党部当青年部干事得着汪精卫先生赏识这一件事。朋友们许多都晓得，我之始入政界是由汪先生提挈的，但汪先生和我以什么因缘而认识的呢？却是从广州市党部青年党员大会中才认得的。那时我还在广州东山担任功课，同时兼任一个区分部的常务委员，因为是年夏间我的父亲逝世，疾病丧葬，自然亏耗了不少。我因为暑假有三个月的空闲，由一位同志梁耀东先生对孙哲生、陈志莲两位先生介绍我到市党部当一个干事，那每个月也可以多赚百把块钱，于经济上是不无小补的。我到了市党部即首先规划筹开一个广州市青年党员大会，是打算把全市的青年党员集合起来，加以训练，好去做各种社会服务和党义宣传的工作的。这次到会的人数约有一二百人，我在会场中是担任记录的工作。当天是请的汪先生担任讲演，汪先生讲完后，就特别地关照我说：“你是担任笔记的么？你记好了我的演辞，要送给我先看过才好发表的。”我答他：“这是当然，等一下记好，还请你改正改正的。”那时汪先生连我姓甚名谁都不晓得的。后来我调查过，汪先生为什么对此事这般注意？原来汪先生当时担任中央党部宣传部长，曾有一天到广东大学讲演，不晓得如何，那广大校刊把他的演辞登错了，竟与他的意思完全两样，他看见很是生气，这正是前数天经过的事情，所以他这回特别注意了。

梁氏及其夫人公子等在南京寓邸合影。

那天我把演讲辞整理好后，马上就把稿子送给汪先生。不久竟得着他一封很客气的回信，说是：“数年以来未尝有此乐也。”隔两天汪先生还亲自写了两首他自己做的诗送给我作为纪念。汪先生这种爱才的热忱，是真令我毕生感激的了。后来汪先生兼任中央党部实业部部长，筹开一个实业讲演大会，又写信向市党部借我去帮忙几天，仍是担任笔记讲演辞的事情，当时他还问我能不能到他那边去做事。我因为是时暑假快满，我已接受了学校下年的关聘，为个人信义计，只好婉言谢他。这样我在市党部做了三个月的干事，到学校开学，又恢复了我的粉笔生涯了。一直到了民国十四年夏间，汪先生从北平回到广州，革命军消灭了反侧的杨、刘，组织国民政府，汪先生又记起我来，托陈公博先生找我即日到国府，帮他办办笔墨的事，我因为还未继续接受学校的关书，便毅然地答应了。从此以后，我才以全部的时间，在党务政治上效力，一直到了如今。上述的这一个经验，实使我晓得一个最重要的做事的秘诀。就是我们无论做什么事，如果能够集中精力整顿精神去做，就断无失败之理。如我之得受汪先生赏识，只不过是因为文字上一技之长，其实我本来就不懂得速记的——到如今还是不懂——以人家讲话这样之快，要把文字记录起来，而能够把讲者的原意一些也不漏，令全文又信、又达、又雅，那全靠自己的留心注意而已。笔记只是一桩小事，然而能够集中精力去做，却可以成功，其他的事情又何尝不能拿着这个秘诀去做呢?

社会的事情是很繁复的，我本着过去的种种经验，曾自己定下了几个简单原则，去做应付的方针。那就是：

律己——存诚　自尊

对人——博爱　互助

处事——专心　致志

至于穷通得失、成败利钝，实可以不必计较的。

马先生是要我写五千上下的字，上面的记述，大概字数是差不多了，就此交卷罢。

名人生活回忆录其七
张寿镛：六十年之回忆

我今年刚刚六十岁。回想呱呱坠地，以至今日，此六十年中，时势迁流，不知所届，孑然之身，随欲波荡，是否负天地，负父母，寸心缱绻，以此自讼。追忆过去，志大而行不逮，宏愿而时不偶，学杂而不能精一，骛泛而不知专归，此吾自知之过失，而思补过于晚年者也。然生平受之于庭训，益之于贤师友之薰陶，兢兢于君子之喻义，而不敢效小人之喻利，清夜自思，尚可自慰耳。盖吾先世，三代单丁，吾高曾祖父，均极寒素，而好行善，载于谱乘。吾父奋迹于科第，由翰林入台谏，念吾祖母守节抚孤，尝绘秋灯读课图以志母教，遍征海内名人题咏，即今所刊印寸草庐赠言是也。吾父一生刚隽，不谐于俗，廿年京曹，清白传后，尝书养身砥品齐家砺学八字，以教余小子。易箦之日，又执余小子手曰“尧舜之道，孝弟而已矣；夫子之道，忠恕而已矣”言讫而瞑。我所以终身铭之，而无敢忽。我性极鲁。当八九岁，每日读书八行，至翌朝尚不能背诵。到十四五岁，始能作二三百字论说。二十岁时，吾父教我点郝氏《尔雅义疏》，以为欲通经必须识字。不知训诂，何能通经，于是始潜心于小学。廿一岁入学，当时虽以八股课士，而我往往借题发挥，不肯偶落恒蹊。其时宁波之月湖书院，鄞县之鄮山书院，阅卷者，一为姚柳堂先生，一为关季华先生，均名士也，见我卷子，辄拔之冠曹。丁酉乡试不售，庚子遭父丧，自是不得不谋衣食。会余晋珊先生任上海道，委我充江南制造局文案，月薪十六两，借此养家。公暇每日看书，当时所看者，如曾国藩胡林翼林则徐各种政书。又与友人纂编《清代掌故》，我所编者，为外交门，谓之外编。但此书之编，庞杂无体，盖友人均为科场应用而作，而我硁硁欲稍求完整，因之所编寥寥，然至今引以为憾。在制造局三年，壬寅秋试再不售，癸卯春应方启南先生之约，赴正阳关，在颍岸半年，一生学问之最得力者，即在此半年中。《大学》所谓静而后能安，安而后能虑也。三间茅屋，官事清闲，每日看《王阳明全书》，觉得万物静观皆自得，此种气象可谓入道之机。今所著《王学发挥》皆滥觞于斯时也。自壬寅秋试，至癸卯入场以前，未尝作文，一入场，见题挥洒，五论一律，已心知必售，发榜果然。时慈亲在堂，为之色喜。明年会试不售，遂决计入仕途。甲辰冬，以知府到苏省，第一桩差使是派赴巡防营点名发饷。防营本为旧式军队，见之已极不满，旋又派赴常备军点验，于是更为郁郁。当点名之时，并形式亦不完全，我于是正文以外，更附一夹片，密陈于巡抚及营务处，谓军尚新而气已暮，国家岁糜巨饷，养此不可恃之兵，深为惋惜，且难保无临时雇充之弊。时营务处主政者为朱竹石廉访，毅然派员密查，果发现缺额情弊，将常备军统带

张寿镛先生近影。

光华大学十周纪念时留影。

撤任查办。我初出茅庐，不顾一切而当时处置认真，犹可见也。自甲辰冬到苏，至辛亥秋去苏，凡八年，一任仕学馆提调，一任警察局提调，一任淞沪厘局提调，一任藩署总文案，兼新政文案，三任海运会办，最后任度支公所筦榷科长。当任藩署总文案时，藩司为陆申甫先生，办事最为切实。我每日五点钟起，十二点钟睡。公事排分七桌，非总文案盖章，藩司不阅，我之经验，根源于此。至今思之。犹懔懔焉。辛亥武昌起义之时，适应岑西林之约在鄂，于未起义之先五日，见到瑞恂。瑞在江苏，颇以我为能。既已到鄂，照例去一见，偶谈及革命党在鄂颇多，谓将一一拿办，我乘机进言，谓此辈青年，不可操之过激。即如萧湘（当时萧湘已被监视。），颇有盛名，若竟杀之，徒然结毒于青年，窃所不取。瑞笑曰，汝亦中张四先生之毒耳。（时南通在鄂。主张勿穷治党人。）我便谓："并非为青年说情，实为政府一方面爱护青年起见"。瑞低首为然。翌日闻将萧湘等驱逐出境，未加穷治。革命后，我与萧湘晤谈，谓当时如何情状，我均不知，我利用他尚信我。我大胆为他说说，且有党人是杀不尽的话头。他居然良心发现，后来死得几位，真真冤枉。然因此而革命乃告成功，相与嗟叹。民国成立，当时江苏一方面，奔走者为应季中。我与季中同官苏省，是道义之交。一日季中过我，谓革命事业，马上得之，不可马上治之，非集合有经验之人，与锐志之士并为一炉，不能治国，谈到财政，尤为万政之母，意欲拉我出去。我说我是摸桌子朋友，谈到治国，真真不配，倘君开府，为君作一诤友，罗致幕府，或者可以勉允。当时季中因系浙人，浙省方面，又欲以财政事相属。彼又来谈，谓已介绍我作浙江财政司参事，我仍未允。其后季中舍浙就苏，再三以上海税务事属我，我因办上海税务三个月，临交卸赴浙之日，多了洋钱七十八元，此为林康侯所目击者。以天下第一厘差，而三个月多钱七十八元，总算不负知己。当朱介人先生都督浙江之日，本来是拉季中司财政，因季中不能赴浙，所以又来拉我，我再三辞谢。当时为我作辞电者，为湖北杨熊祥君，嗣辞之不得，任浙

张氏手创之光华大学。

财司二年，浙财政厅一年。当时浙省预算，连国税在内收入只有一千六百万元，现在国税除外，有二千二三百万元。地方负担，几几乎加倍。我在浙三年，解中央以外，不特无亏，并且将革命时所发军用票二百万元，及外债百万元，收回还清。当调湖北之年，岁终尚余八十万元，不过地方建设，不能如现在之发达耳。然辟西湖市场及马路等，当时均以旗营购置之所得，逐渐经营。历年所费，在二千万元，并无大宗补助之款也。调鄂以后，荏苒三年，鄂之财政，艰难更甚于浙，其病在紊乱，一无规制，于是厘定一切章则。我有理财牍稿，系当时之僚属为我所刻，今已土苴视之矣。有一篇调查土宜，振兴物产，洋洋二三万言文字，尚值得一盼。当局果能实行，于鄂之根本或可以救济。我生平最恶办苛细杂捐，在鄂时又严厉禁止，均载于牍稿中。我之去鄂，因为不肯附和王子春增发官银局钞票，此事郭殿臣现在沪，可为我证明。然我在鄂，不特未为鄂增债，且为鄂略略偿债，有数目字载于牍稿中可按也。由鄂调燕，此数年中，最无足述。然收罗书籍之多实在数年中。随得随读，以补历年仕途中未读书之失。岁在庚申，当局简我为苏财政厅，时李秀三督苏，居然挡我驾。其实我鉴于军阀横行，并不愿再为冯妇，当局敷衍面子又将我调山东，我再三不欲往，而当局促之坚。其时山东别有作用，我见机而作。任事未十月，随即回燕，仍在财政部办事。壬戌至甲子，再任浙江财政厅，其时经济能力，已远不如前，然人民负担，犹是十年以前，而积债已有数百万矣。甲子江浙事起，与庐子嘉先生张暄初先生同时去职。乙丑卢再出，我为之计画江苏善后。当局始欲简我为苏财厅，嗣调我为沪海道尹。我视事在五月廿八，逾二日，而五卅案起。我身为地方长官，当时交涉司尚未到任，一切折冲。均我一身。青年惨死，工会愤激，治安岌岌。其后由省派军队来沪，由中央派大员查办。而道尹绥靖地方，尤其在保护青年。我与关䌹之协商。将当时所被拿青年一一释出。关䌹之舌敝唇焦，为种种解释，而一般学生，始得安全。至于工会一方面，由商会调度得宜，罢市罢工，虽及三星期之久，而地方一未出事。此皆虞洽卿，李徵五与地方各人士协力之效也。最后欲解散工会，我与邢隅三言，（时邢为司令）我决不署名。工会改善则可，解散则不可也。任道尹一百日，而孙传芳来矣。其时邢之军队，开拔极速，地方得以安谧过去。而尤不忘者为沈叔玉。时沈任宁沪路局长，将被毁桥梁从速修竣。而邢之军队，得免与敌军相遇之苦，免使我百姓受此无谓之惊吓也。一面做道尹，一面筹备光华，今日思之，可谓好整以暇。盖当时既有约翰离校学生之义气，又得王省三先生慨捐校基之义举，我随鼓其生平笃好教育之勇气，而又得朱经农等助之于先，廖茂如等继之于后。学校教习一以人才为主义，从不稍徇人情。所以于今十年，得有根基，然牺牲精力财力为不少，此又当时一念喻义所发生者也。既置身于光华本无更入仕途之意，其间一走燕京，碍于友朋之情，未两月即回。迨国民革命军到达沪宁，承蒋介石先生电致虞洽卿约我与谈。始与蒋先生相见。时蒋先生欲以江浙两处财政相属，我再三辞让，结果以苏省府委员兼财厅任事。蒋先生忽然下野，我与钱新之周枕琴等思同进退，而蒋先生沮之。会值龙潭之役，以苏厅之职筹全部之饷，其间身置危城，省府人员，无一走避。而我兼理饷务，与中央军事当局朝暮相见。龙潭围解，孙哲生先生长部，必欲我兼佐部务。我之佐部五年，只觉负罪重重，所以蒋先生第二次下野，决同进退。宋先生相待极厚再三拉我，我决不敢再上台。因为财政官万不可久居，久居不但遭谤，而且力已用尽，譬如牛马，久之则无可驱策矣。一朝卸职，如释重负，我的心愿，现在剩得甚少。只有两件事：第一件事，是如何将光华大学，办得完完全全，光华之精神，首重心理建设。毕业学生,大都于人格上尚能完全无缺,老夫是要居些功。至于学业上，全在教师亦在学生自己，而光华能师生合作故精神上极表圆满。若设备，除建筑外则已达三四十万，此后尚靠社会帮忙，政府协助。私立大学真真不容易办，若一年能有政府帮贴四五万元，即可完全无缺，此一心愿也。第二件事，即为编《四明丛书》十集。我积二十年功夫，搜到乡邦文献，不下四百余种。就我已刊之四集，约百种，然已花费至二万金以外，再刻六集，非再有三万金不可。现在经济已形拮据，不知能毕我愿否。乡邦文献中如《宋元学案

光华大学校舍之一。

补遗》一书，为中国哲学大部分所寄托。盖宋元明清学案，固已详尽，而《宋元学案补遗》，是鄞县王梓材先生腰轩所作者，搜罗更精，其所采之书，有今日罕见者，得此以存，真有益于世教也。我以为今日世界，均是唯物主义均讲霸术而不讲王道，惟中山先生，则主张王道。所谓三民主义，真真是王道，惜世人无切实体会而实行者。故今日谈教育，宜以哲学为体，科学为用，取中西融合方法，而不可分离。取心理建设，而不可仅事物质建设。治国平天下，在修明内政，内政重在民生，财政则视国民之负担力。欲负担力之充裕，则在国民富足，而外交取调和态度。譬如春秋时之郑子产，是外交能手，郑国相安，全恃子产等数人。做事在实行，不在空谈，说得出，做得到方是。我到六十岁，无敢抛弃书本，近年除光华以外一意勘书。盖读书才能养气，养气方可实实做事。宇宙观，人生观，是不少的。积财于子孙，子孙未必能享，且儿孙自有儿孙福，为儿孙作马牛是犯不着的。天公待我良厚，夫妻偕老，儿孙绕膝，我自觉学问种种欠缺，老而秉烛，不敢不勉。我随便写写我的六十年经过与志愿，不暇修饰，请邦人君子教之。若夫年和岁丰，作太平民，则尤馨香祷祝也。

名人生活回忆录其八
洪深：我的打鼓时期已经过了么
戏剧电影生活的回忆

从民国三年起到现在为止，我干戏剧足足有二十多年了。前天我偶然翻到一张民国四年在清华时所摄的一张剧照——剧名已忘了，可是我还拖着一条辫子——不禁有点惘然。

从前，不知道有过多少亲友，劝我不要干戏剧：至少是不要把它当做事业职业去干；他们说，偶尔为了公益的事，甚或为了个人的消遣，登台去票一下是可以的，把它当做事业职业做你就成了“优伶”,优伶在中国是和“娼妓”一样,“不齿人类”的。为了使我不因作优伶而毁灭了前程，我的一位父执，听见我在美国将要从烧磁工程去改习文学戏剧的时候，再三劝我回国，允许替我设法谋得某一省的烟酒公卖局长！他虽是一番盛情，而我毕竟是辜负他了。

我在民国十一年春间回国，同船的是蔡廷干老先生。他待人的态度，是很恳切的。因为我离中国六年了，国内的情形改变得很快,我有许多不晓得的事情,都去请教他；我们在船上，常是在一处长谈的。他问我，“你从事戏剧的目的是什么？还是想做一个红戏子，还是想做一个中国的沙士比亚”？我说，“我都不想，如果可能的话，我愿做一个易卜生”。他说，“是的，但这不是件容易的事——一向中国的优伶，都是用‘妾妇之道’，取悦于人的。”

“妾妇之道”，在做人方面，我们这种人是决计不会的；可是在作品方面，说不定有时会得志气一软，写出“投其所好”的东西来！所以我对蔡先生说，无论在哪一方面，我当永远记住蔡先生这个警告的。

本文作者洪琛表演“第二梦时代”之照。

回国后想干戏剧，可是一时找不到很多的同志。那时欧阳予倩不在上海，汪仲贤一方面在新舞台做职业演员，一方面编著《时事新报》的《青光》，一点空闲的时间都没有。谷剑尘，应云卫，孟君谋，陈宪谟诸人还没有认得，而尤其困难的，是寻不到肯于登台演剧的女性。

我对于男子扮演女子，是感到十二分的厌恶的。也许因为福洛特教授的讲“性变态”的书，看得太多了；每次看见男人扮成女人，我真感到浑身的肉，都麻起来。但是，我又想演戏，结果只好是自己去写一出那完全不须要女角的戏了。赵阎王题材决定之后，我决意借用奥尼尔写琼斯王的方式，这也是主要原因之一，因为这样，戏中就可以不用女角了。赵阎王是邀请那时在笑舞台演文明戏的李悲世、李天然、傅秋声诸人帮我演成的。

在赵阎王一剧里，我确是要对社会说一句话，不料那时的观众看惯了“妾妇之道”的优伶，所以一致地说我是有神经病。《晶报》（十二年二月八日）也是这样记载的。这出戏到民国十八年冬间重演，才获得了观众的同情。

我碰了这个大钉子，苦思了几天——我每次碰钉子之

“少奶奶的扇子”女主角钱剑秋女士。

后，必然苦思的——后来我看出我自己的错误来了。平常我们说话，还得“以其所知，及其所不知”；现在忽然由一个他们素所不知道的人，对他们用些他们素所不习惯的方法，说一句他们素所听不见的话，而要他们了解你同情你，这岂不是妄想么？现在最要紧的是建立自己在社会上的信用，和寻求可以合作的同志。

不久，欧阳予倩，汪仲贤介绍我入那本来由谷剑尘，应云卫诸人主持的戏剧协社，我想，这一回合作同志有了，心里真是说不出的高兴。

可是，戏剧协社里面，也只有两位女社员，不够分配角色，而且仍有许多社员，喜欢以男扮女。初进的我，又不便多所主张；我于是想了一个聪明的法子——把“泼妇”和“终身大事”两戏，排在一天演，一出完全用男女合演，排在前头演；另一出完全用男人扮女角，排在后头演；让他们演员自己去实验一下。果然，一般观众们先看了男女合演，觉得很自然，再看男人扮女人，窄尖了嗓子，扭扭捏捏，没有一个举动，不觉得可笑；于是哄堂不绝。这个笑，是比较叫演员难堪的。而戏剧协社的男扮女装，就被这一笑笑得“寿终正寝”了。

戏剧协社在某一个时期，非常之有生气；是中国第一个戏剧团体讲组织，讲纪律，讲方法的。没有会长副会长等名目，而有一个理事会；每一个理事有一定的职务和责任，社内事情（尤其是财政等）完全公开；无论何人，不许例外的优待等等。协社的人，到现在还能记得的。

在演“少奶奶的扇子”的时候我曾提出过一个宣传方案——只许宣传“戏”或“社”，而不许宣传个人。但是那时上海一部分新闻记者，如毕倚虹先生等，在文字里特别注重两个人，一是那表演剧中最难演的金女士一角的钱剑秋，一是改编和排演这个剧本的我——因此，我在上海也有了点微名了。

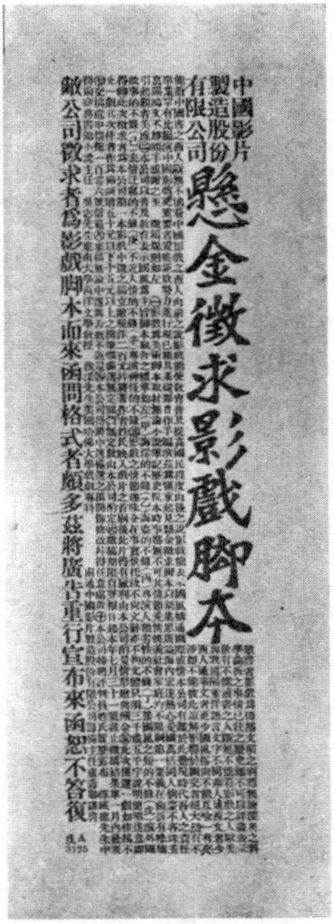
中國影片製造股份有限公司
懸金徵求影戲脚本
敝公司徵求者爲影戲脚本而來函問格式者頗多玆將廣告重行宣布來函恕不答復

十余年前为中国影片制造股份有限公司代拟征求影戏剧本广告。

过了几个月，明星影片公司请我去做编剧顾问，车马费每月四十元。在我和明星公司订立的合同上，声明虽不能兼任别家影戏公司的职务，但仍得继续戏剧协社的工作。在我当时的观念，是以为在戏剧方面，已经试验过，我能晓得它的社会效果的。而在电影方面，我还是初试——我在美国，并没有学过电影——固然它所触接的民众，为数更大，但到底是一种商业组织，一面教育一面营业，恐怕不是件可能的事，所以不愿放松了戏剧。可是协社的同人或其他朋友，都不在这一点上而在个人的地位上着想。爱护我的劝我不

在清华时代的剧照。

要自坠人格，如郭任远教授对我说，“电影界的道德观念是向来薄弱的；不必说上海，就是美国的好莱坞又怎样呢”。不谅我的人，如复旦一位同学刘光炎君说，“洪先生拿他的艺术卖淫了 Prostitution of Art”。更有人疑心我并不是真的爱好戏剧，只是借了协社做一个转向电影界的进身之阶而已；他们忘了“少奶奶的扇子”的成功还在“孤儿救祖记”的成功之前呢！

我那第一次导演的影片是“冯大少爷”。颇受当时的知识分子所称道，但小姐奶奶们大不欢迎。我觉得世界上有两种悲剧，一种是落在时代之后；英文叫做 Out lived his time, 就是他的时代已经过去了，他该当死了，但偏老而不死。还有一种悲剧，是跑在时代之前；Born before his time，他的时代还没有到，他所做的事情，和所说的话，当时的人，都不以为然；必须过了些时，才会觉得他是不错；就是梁任公所叹喟的“十年以后当思我”！这两种悲剧，我是不断地阅历着的，落伍的时候也有，跑得太前的时候也有。在民国十一年七月九日上海《申报》上，有我为“中国影片制造股份有限公司”代拟的征求影戏剧本的广告，征稿规则第二条，原文为：

“本公司以普及教育表示国风为宗旨；脚本取舍之标

准如下：

甲 . 诲淫的不录；

乙 . 诲盗的不录；

丙 . 专演人类劣性的不录；

丁 . 暴国风之短的不录；

戊 . 演外国故事的不录；

己 . 表情迂腐的不录；

庚 . 不近人情的不录；

辛 . 专演神怪的不录”；

这些条件，在当时很有人觉得是有奇怪的；竟有人写信给我，骂我又发神经病。是的，这些话在民国十一年七月说，似乎太早了一点，如果能移后十来年，到民国廿一年，廿二年，廿三年七月来说，自然就时髦了，所以，我的“冯大少爷”，“爱情与黄金”，“卫女士的职业”等批评人生的戏剧，在那时恐怕也是太早了一点罢。

一个人不是万能的，就是“美国留学的戏剧专家”——这是明星广告部替我挂的招牌，我从来不曾这样自居过，更不曾这样自称过——也不是万能的，第一，要晓得，在大学里习戏剧，所重的是理论和文学，讲到舞台的实际，是必须到舞台

戏剧同志袁牧之（家莱）在戏剧协社时代之照。

上去实习的；但这种实习的机会，在美国是非常之少；我个人在美国因为要想在职业戏院里学习而去寻生意，曾经天天奔走老板之门，而两年中只成功了三次。第二，就使我得了个机会，能在职业戏院里登台上演，我所能学得到的，很是有限；你得慢慢地看，慢慢地偷；至于各人的吃饭秘密，当然不肯公开传授给你的。第三，在美国样样都讲专门；演戏也讲专门，例如惯演神经病患者，便永远演神经病患者，别种角色，不会来请教你的；在大学里，更是如此。戏剧只是一个总名，里面分许多部类；譬如我所专习的“编剧”，别的当然也会，但总不如那“医治戏病”Play Doctoring 是我专长。可是中国一般的人，都以为外国的学堂戏院电影公司里的人，个个都不像中国人那样自私自利而是天上赐福的安琪儿，他们一例地忙着把他们的珍宝，全盘地献给赠给塞给中国留学生的。留学生不但应当样样都会，而且应当样样都帮；作品不但应当名誉好，而且还得赚钱多；办事不但须有效果，而且须要立刻有效果。

“爱情与黄金”一个场面。

这在事实上是不可能的，他们便刻薄你不是真金，而是镀金。我所遇到的许多困难，都是从这点误解而起的。

此外，我还受我个人缺点的限制。记得有一次我演“第二梦”，化装一位潦倒颓唐的画家。《申报》上便有批评，“洪琛的艺术不错，但因为相貌不佳，所以人家不大注意”。其实，我那时的相貌，还不算十分难看——有修过的像片为证——我在戏里是化装成那个倒霉样子。可是，我不宜于演小生，却是真的，这是一种限制。还有，我的性子比较地急，容易对于笨的人发火，所以，我不宜于导演太过没有常识的人，如偶然遇到的临时演员等，这也是真的。

因为我是学习工程出身的，晓得在工程和科学上，是一点推板不起。所以许多事，别人敢于冒险做的，我却不

在美国好莱坞“美的颜色”公司门前所摄。

敢妄为。譬如声带开米拉里轮子的牙齿，厚薄不可超过一英寸三千分之一，过了这个限度，声音和画面就会脱节；我在五年前，因为知道中国还没有一个机器厂能造出这样准确的轮子，我就不敢提倡中国人自造收音机，可是有人曾叫上海普通的翻砂作里翻出一些这样的轮子，居然也造成一套收音机了，虽然所收的音，观众对它甚不满意。又如我在好莱坞美的颜色厂里，看见过他们制造彩色影片的程序，晓得这是非常费手续而没有把握的事；所以听到三起美国人——强生，威廉生，雨果——轻易地声明能制彩色影片，不得不严厉地揭穿他们的缺点和欺骗性，这些都不免得罪人的，但这于中国的电影界，也许不是完全无益的罢。

我认定从事戏剧和电影的人员，都是文化运动上的战士。但诗人到底不能比军人的，诗人的作用，有些像军队中的军乐队，他在情绪上可以鼓励和领导别的战士，但比起那些拿着枪冲锋的，作用要来得间接一点，而我呢，只可算是这个军乐队当中，一个敲打小铜鼓的人而已。

毕特金教授在他的 *Psychology of Achievement* 里说，戏剧电影的导演工作，是一切事业中最费气力的事；又在 *Life Begins At Forty* 里说，一个人到了四十岁以后，所做的事业，应当退一级，不能像年轻时的用气力了。我是四十二岁的人了，可是，我还觉得，我不应该就此不打铜鼓呢！

——廿四、七、六——

名人生活回忆录其九
廖世承：我的少年时代

日昨陆君上之来嘉，转达《良友》图画杂志同人意旨，约我写一篇生活回忆，于二三日内交卷。我说，“我是一个很庸碌的人，没有什么奇节特行可以写，并且我从不曾想到写自传一类的文章，材料一无准备，请你约别人罢”。他说，“别人实在来不及约，中学生看本杂志的很多，先生对于中学教育经验，随便写一点生活的回忆，中学生定然欢迎”。我说，“好，那末我来凑数罢”！

我在十七八年前研究测验的时候，常想我幼年时的智慧不知怎样。我记得母亲曾告诉我，在中国年龄三岁时，我会自己吃饭；《荡寇志》上的图像，我能一一叫出名字；坐椅靠背上的小字，都能认识。六岁那年，我进了伯父家的私塾。那一年我父亲下部生了外症，我天天替他换药线。有一天我的堂兄世祁走来同我谈——他比我大八岁。他很诚恳地说，“我们宅内的弟兄辈，将来要算你最有出息了”。我同他谦说，“换药线有什么稀奇呢”！他说，“我不是指这一回事”。其实我何尝不明白他不是专就一件事而论。我读书的天分并不高，但我是记忆尚好。所以在八九岁时，四书五经已经读了一半，在读《礼记》了。因为读书不费力，就顽皮不用功。有一天晚上我躺在竹榻上纳凉，我听到母亲与大伯谈话，说我怎样不肯读书，比我大三岁的胞姊骊珠轻轻把我推了一推说，“弟弟，你不听见吗？家里人说你不用功，还不要紧，

本文作者廖世承氏近影。

现在闹得亲戚外边人都知道，还不努力争气”！我当时没有答言，可是她的神情话气，深深地印在脑际，在我求学史上，发生了很大的影响。她不久就生病死了。我每次想到她的劝告，就凄然下泪。

我的胞兄世臧大我四岁。他的天分很高，人又非常忠实。那时我的堂伯父穀似公巡抚浙江，在家乡创办了一所清华学堂（不是北京的清华学校）。聘请的英国算教师，都是各省知名之士。我的胞兄进去时，只有十一二岁，但是他进步很快，不断地跳级。各教师都爱他，有一位国文教师还说五体投地地佩服他。我因为年龄小，只在师范生指导班上读国文。一年后仍回到大伯父家私塾读书。

幼年在家读书有一件事永远不易使我忘记的。我父亲博览群书，记性很好，掌故又很熟。每逢晚膳时，父亲总喜欢把历史上的事实及有趣味的故事讲给我们听。我有时听得眉飞色舞，有时慷慨激昂。这对于我性情上的陶冶，确有不少影响。

我在十三岁时进了舅父家设立的中城两等学堂。第一次开笔作文，只做了六十七个字，但是就得到很好的评语。在中城读了一年半，就转到县立高小的毕业班，于十五岁毕业。

那时清华学堂已停闭，我的胞兄转入南洋公学。他初进去就跳升一班。他与我姊姊的感情很好，姊姊病死时，他受了很大的刺激。自此他遂喜欢看佛经。在南洋肄业时，常到南京看杨仁山先生，研讨佛理。他在南洋中学毕业的名次很高，本有派送出洋的希望。因为他佛经看得太多，神经有些变态，遂留在家中养病。父亲期望儿子成名的心很切。吾兄少年时，头角峥嵘，聪颖逾常，满拟可以光大家声。不料刚入中学，就茹素看经，志不在问世。父亲屡次劝他无效，心中异常失望。待后来有了病，父亲更是郁郁不欢。吾家本寒素，全恃父亲笔耕舌养。吾兄病后，更形拮据。有一次母亲不知为什么事在房中哭泣。我心里非常难过，一个人躲在书房里流泪，自己告诫自己将来定要做个好人，使得我双亲快乐。不料后来留学回国，母亲即缠绵病榻，未几去世，始终未曾孝养。树欲静而风不宁，子欲养而亲不在。午夜梦回，每一念及，辄心伤不能自已。

我在高小毕业后，即投考邮传部高等实业学堂（即南洋公学），与我并坐应考的为孟君宪承。时监督为唐蔚芝先生，雅重国文。进校不满一月，就碰到国文大会。题目记得有两个，一题是汉高祖、项羽、拿破仑、华盛顿合论。我前幅套了戴名世《范增论》的意思，后幅结论还精警。不过当时大中院学生有五六百人，我是一个中学一年级的新生，有什么希望。岂知出榜时，自己名次在四十以上，还得了几块钱的奖金。那时除了正课外，星期日另开国文补习班，专备对于国文有兴趣的学生研习，补习班分好几级，有特班、甲班、乙班等。特班由监督自己教，甲班由中文总教习担任，其余由各教习分任。我起初不知分在哪一班，不久就升到甲班，调到特班。当时我对于国文的兴趣，确甚浓厚。

我幼年时喜欢看小说，特别是武侠小说；时常使枪弄棒，仿效拳师力士的行为。待进了南洋，性情就大变，喜看《明儒学案》。课余常独自坐在床上，静静地看书。晚上时与同班知友谈论国事，往往至灭灯后犹不肯睡。当时对于《民立》《民吁》报骚心、渔父、血儿、天仇等文章，非常爱读。闲时与父亲谈，常不满意于君主体政，深佩黄黎州先生的议论。那时醉心革命的青年，因痛恶满人，就只斥曾左胡为汉奸。余颇不谓然，以为曾左胡的立身行事，有可令人敬佩地方。洪杨之所以覆亡，自有取败之道，不能尽怪曾左胡。父亲对此点，深表同情，说我是真正的新人物。

就在清廷逊位，革命成功那一年，中学五年有改为四年之说，因此吾班的功课，提前教毕。民国肇造，我校四五年级同时毕业。上级提出抗议，谓吾班毕业，不能与彼班相提并论，文凭不许在大会堂领取。时清华适假南洋招生，录取者均有出洋之望。各地来报名应试者络绎不绝。余与同班知友数人，在校外假一住所，闭户苦读，预备背城借一。及清华揭晓，吾班取了八人，上级竟无一人录取。

南洋初毕业时，有戚友荐我至湖南教书，月薪四十元。父亲询我意旨，我说："现时家况，虽然艰苦，尚未至山穷水尽地步，我总抱定得寸则寸，得尺则尺的决心，不愿我的求学历程半途而废。”父亲遂听我至北京清华受学。在清华三年，碌碌无可称述。当时同班学友曾发行一种刊物，名曰《课余谈》，流行颇广。我曾一度为该刊中文总编辑。

作者平居生活一照。

民国四年我与同学起程赴美入勃朗大学Brown University为二年级生。我知道双亲盼我早日就事，所以不愿抛了家庭，长期留学。我每学期总想多读几个学分，可是勃朗对于学分的限制甚严，非上一学期成绩优异，不许多读。我很侥幸，在四年内做了六年工作，读毕了六年学程。回想当时，有几件琐事，饶有兴味。勃朗的中国学生并不多，因此不免少见多怪。我初进大学，选了一门教育原理。那门课要每星期做阅读报告。某次的报告合了教授意思，叫我在班上当众诵读。过了一天在法文班上，恰巧轮到我的诵读。我在本国已读了多年法文。在南洋时由佘神父教读，在清华又读了三年，所以我的法文确有相当根柢。那天读过后，教授在上边欣然微笑，同堂的学生不期而然地在地上顿脚，表示赞美。那天晚上恰巧法文教授邀集班上同学在他寓所开茶话会。同学要我唱本国歌，我就唱了一支，散会后我听到有两个同学谈话，一个说，“你认识那个‘Jap’吗”？另一个说，“禁声，他在前面”。我就回过头说，“我不是日

留美时代之廖世承氏。

本人，是中国人”。

除了哈佛大学外，美国硕士的功课比较容易读。最严紧的是大学一二年级的学程。我虽然进二年级，可是一年级内有几种科目是一定要学习的。最使我担心的为一年级的英文。每星期要做四篇短文，每月要做两篇长文，并且限定了交卷的日期时刻。倘使迟一分钟投入 Pigeonhole, 就不收受。留学该校的前辈告诉我，某人重读了一次，某人重读了二次，美国学生每学期也总有十之三四不及格。有一天我和几个同学吃饭，有人说起有一个中国学生写的信被教授在班上读出来了，说写得很好。当时我的英语说得很坏，同学某君自幼留学美国，英语很流利，大家都以为是他写的。他含糊承认。后来才知道不是信，是我写的一篇短文，题目是初次接到家信。文中写未接信前的坐不是立不是，及接信后的心理变迁，到学期终了，我那门功课不单是及格，还得了 B 的等第，这真使我喜出望外。

美国有两种荣誉学会，一种是属于文学的，一种是属于科学的。凡在大学肄业，成绩优异，得到多少 A 以上，经教授特别保举，会中选举通过，方能入会。入会后，佩匙一个，以为标识。习文科的得 Phi Beta Kappa 金匙，实科的得 Sigma Xi 金匙。我进的是二年级，已经错过一年的机会，要在三年内得到那么多A，事实上有些为难。不料在第四年时，教授因为我研究的是心理学和测验，把我的名字提出Sigma Xi会，选举通过。勃朗男女两校，有学生数千人，那年获得金匙的，男生有七八人，女生三人。入会的那天，礼节隆重，有耶鲁及威斯康新大学总教到会演说科学上的新发明，由主席发给文凭金匙，教授及外宾均握手殷勤道贺，并有丰盛的宴会。我那天的快乐，真胜过金榜挂名时。

勃朗的教授给我深刻印象的很多。关于教育及心理方面，有两位教授与我最相契。一位是Professor Jacobs，他是一位诚恳切实的老教授，对于学生的功课，丝毫不肯放松。他很看得起我，常说，“君每做必佳”。“You always do Fine things.”还有一位是总教S. S. Colvin，他的著作很丰富，也很企重我，常在人前称道勿衰，我每次到哥伦比亚大学暑校肄业，他总绍介我见一两位有名教授。信中盛称我的品姓，能耐。并说：“人家做得到的事，伊也能做到。”可惜我回家太匆忙，没有在美国多读几年书，好好写完我的论文，使他很失望。我回国后，他就为哥伦比亚大学聘去当教授。六年后患心脏病死了。死的时候，他的女书记还特地写信通知我。

在美国加入欧战的那年，生活程度甚高。我因为准备博士论文材料，各地奔走测验，费用也较紧。有一个时期，我很受经济压迫，想找些事做。恰巧某中国饭店在星期六及星期日两天生意特别忙，侍者有些招呼不过来，我想同经理说，愿意费两个晚上在他店中服务。可是到了饭店门口，勇气消失，觉得说不出口来，忸怩了好久，才向店中人说明来意。他们倒很客气，说你银钱不凑手，尽管来吃饭好了，不必付钱。我说没有无功受禄的理。于是两面言定。但是这个味道，并不好尝。客人多的时候，真有些张罗不过来。并且有的客人一口气报了七八样的花色，你得一件件记在心里。有一次不知弄错了一样什么菜，客人发脾气了，一个侍者跑到我身边严声地责问。我当时气往上撞，真有些受不住，可是转念一想，这点气受不了，还成什么人。我来店内，原是逢场作戏，何必与他认真。而且我快要回国了，在国内服务，没有咬紧牙关和血吞的本领，是不能成就什么事业的。这样一想，当时就很和悦地领受了他的责备。我觉得这种沉住气的练习，于我后来的事业是有帮助的。记得在东大附中当主任时，有一位教员对我的设施常抱讥笑的态度，有一次在鸡鸣寺开会，他的话说得很尖刻，旁边一位教员低头微笑。我当时很想发作，抬起头来看见寺内悬挂一联"忍片时风恬浪静，退一步海阔天空"顿时就觉心气和平。在店内服务有不少趣事，我现在只谈几件小的，有一次有一个军官对我凝视了半刻，自言自语地说，"可惜这样一个青年从事于这种职业"。又有一次有夫妇二人吃饭，男子问有无 Pie, 我说有。又问有何种 Pie，我说有 Peach, apple, pumpkin, and so on。彼戏语曰，无 squash 耶？我知道 squash 与 pumpkin 的分别，惟此分别至微细，寻常人知道的很少。我故意问他，squash 与 pumpkin 有分别耶？男不能答，女浅答曰，"实无甚分别，同名一物耳"。男还要追问时，女就止住他说，"你快不要开口了，人家说的英文比你高明得多。”后来我家内汇了款来，同时留美学生每月的津贴已由六十元增加至七十元，款已敷用，我就绝迹不再往了。

时欧洲大战告终，我国南北已一致决议，不签和约，不承山东胶州割让日本。我偶与某西人谈及此事，他说，“那么预备怎么办呢”？我说，“只有不签和约”。他又问，“Does that make any difference”？我听了很气。在国外留学，不知受了多少刺激。我常想回国以后，为于国人，任何意气可以消释，惟对于侮辱我的东西各国，定须争一口气。

我在勃朗三年，同时得到两个学位及 James Manning Scholarship。第四年我感觉最忙，一方面读研务院的规定学分，一方面东奔西走，在各地接洽测验，搜集论文资料，一方准备博士考试（分笔试口试二种，还须试验德法文）。我本来可以从容再留一年，转至欧洲读书，因为父亲来信说：“……譬诸浮舟江海，幸得望见口岸，忽又横生阻力，推而远之，个中之人，能无惆怅！自吾言之，汝既苦心孤诣，双管齐下，终此学年设竟未偿所愿，遽尔舍去，必致大违汝意，亦非我心所安。然吾向闻人言，硕士一阶，非仅恃课程及格，必须由教员荐举。博士一阶，更须得完善之著作，往往有一读再读卒未达此目的者。西人且然，何况汝辈？明岁大考，果能如天之福，一举两得，便是大功告成，不必更为无厌之求。倘不如意，只可再留一年。……”我决计博士考试及格后，朴被回国，论文在国内写就后寄去。所以我的博士文凭，回国二年后才得到。

我于民国八年回国，任南京高等师范教授。初起教书很有成绩，学生均感兴趣横生。可是时运不好，教书不到两个月，附属中学内部发生了问题，郭鸿声先生硬要我担任附中主任。从此行政的枷锁，整整套住了十六年，到现在还不能解脱。这十六年里边的经验，确有可以称述的点，暇拟写一专书，就正于中学教育界。友人说我在南高东大八年的设施，为余生平一页光荣史。迩时东大附中几执全国中等学校的牛耳，投考人数，为全国称首，现时盛倡的军事教育，童子军教育，扩充理科设备，提高学生理科程度，偏重实验教育，强迫全体学生穿着制服，注意课外活动等，在十余年前附中已一一提倡，切实奉行。学校停办后，离校学生莫不惶惶然思念母校不已。彼时余虽事务鞅掌，仍不废写作。余闻南通张季直先生志愿每年举办一种新事业，我虽精力名望不逮前辈，私心窃慕其言，思在行政事务外，每年写书一册。综计在京八年，写书至六七册，其中有再版在十六七次以上者，智力测验及教育测验亦编有多种。

廖氏与友合摄于民国五年。

我离开东大后就进光华。初进光华时，南北各大学均有函来接洽，程柏庐处长坚邀我就江苏省校校长，周寄梅、任叔永二先生电邀余中华教育文化基金会秘书长，中大校长张君谋又以教育处长事征求我同意，工部局亦拟以华人教育处处长一席与我，我以光华挽留，均辞谢未往。在光华八年余，成绩殊不及昔日。惟沪嘉伊迩，便于定省，每逢假日返舍，与老父一樽相对，闲话家常，为平生乐事。暑期内得有长期休养，每当夕阳西下，清风徐来，卧庭中藤椅上，执卷吟哦，悠然自得。惟念国难日深，生平报国志愿，百不偿一而岁月不居，回国来倏忽已十七年，修名未立，良可叹息耳。

名人生活回忆录其十·甲
刘长春：运动场上十二年

我们知道粮食和空气都是生存上的不可缺的东西，但是使生命更有意义，使生活更为充实的身体运动，却给许多人忽略了。运动带给人以健康，而健康却是人生之至乐。在我个人看来，运动简直和粮食与空气的一般重要。我每天不运动，身体就觉得异常地不舒服，由此更可证明，要得健康的快乐，必须从不断的运动中得来。这不仅对于先天的体质不好的人应该注意，即使是先天很好的，也该不要忽略，因为体质也正像一条轮船一样，如果不时时增进了燃料，它的效率会慢慢地减缩起来的。

我是比较幸运的一个。我从小身体便很顽壮。我的母亲虽在我十二岁时便已去世，但她却给我以一副坚实的体格。父亲是纯粹的商人，不过他对于身体的健康也很留意。他每天早上必定跑若干路，借此来活动筋络。所以到现在虽是六十岁左右的人，身体精神依旧很好。他于健康上的注重，于我也有很大的影响。

我们是辽宁人，父亲因为一向在大连做生意，所以我也是自幼在大连生长的，直至民国十八年，才到辽宁进东北大学念书。我初次正式参加运动会，是在我十五岁的时候，其时我正在大连一间日本人办的沙河口公学堂就学。当地日本人照例每年举行有州内州外运动会，我这次参加时还在小学组里面，以走四百米五十九秒的成绩获得首名，不仅是在小学组中从所未有的成绩，连中学组的成绩也给我打破了。这侥幸得到的纪录，连我自己也有点莫名其妙。

东北大学时代之刘长春先生。

大连的运动会，一向就是只有日本人举办，中国人要在运动上角逐，只有加进他们的会里。当地的中华青年会有见近此，便在后来举行了一个完全是中国人竞赛的运动会，我对于这会自然是很高兴地加入，结果在百米中以十一点四秒得第二名。当时第一名也是同样成绩，不知怎样的，却把我派到第二名去，后来到辽宁以后所参加的第十四届华北运动会，百米的成绩是十点八秒，二百米是廿二点八秒，比以前的成绩，总算有点进步了。以后在远东和上届全运的情形和纪录，读者们大概都已知道，无容在此赘述了。

今年一月间，承交通部朱部长的厚意，派我在该部的职工事务委员会中做事。我不敢说这方面的工作于我有很大的兴趣，不过我能借此解决个人的生活问题，同时能安心练习，总觉得是快意的。我在南京住在励志社，每天下午四时下班，便在社中练习短跑。短跑在我本来是很有趣的，可是在那里既没有指导的人，也没有别的人和我一道练习，没有同志，也没有竞争，天天地独往独来，在兴味上便少不免要大打折扣了。在练习当中，成绩纪录曾达到百公尺是十点三秒，不过这也是偶然的罢了。

在京除每天办公练习跑步之外，有空的时候只有看看

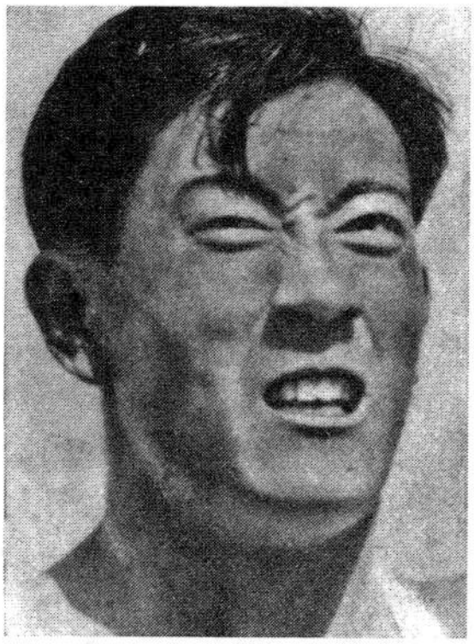

刘长春先生的一个幽默镜头。

电影，或是打打桌球，这是我视为最有兴趣的。夫子庙是南京的人们视为消遣的中心，我却不感兴味。

这一次第六届全运，大致上可说是很成功的。各方面可以表现很好的精神。如果说有什么未尽善的，在我个人看来，就觉得选手的宿舍铺位太挤，房里的日光和空气也很不充足。对于一般准备出场竞赛的运动员们不免有点影响。在个人参加的短跑方面来说，则我以为场地的跑道有点太松，跑起来不大牢稳。又百米的竞赛在一天之内一连举行了次，复，决各赛，参加的人都不免觉得很吃力，倘若把秩序的时间稍微分配，使大家多得点的休息机会，则彼此的成绩，也许更会好些的。一个运动员的成绩能否优良，不仅在体格和训练上要顾到，心理上的影响也不容忽视的。

明年在德国柏林举行的世界运动会，转瞬又快到了。在发扬我国的体育精神，和在国际宣传上，我希望国内负责这方面的人能够早早预备。我上次参加世界运动会的时候，动身的前两天才找到了经费决定参加，时间真是太忽促得很，更谈不到什么预备。如果明年我们还准备参加的话，就应该立即预备，一年的时间实在是有限的。我个人的鄙见，以为假定我们明年预备派二十个人参加，便应该从这次大会中挑选一百名以上来共同在统一组织之下加紧练习。练习的地点不出上海，南京，北平三处。南京的生活太枯燥，上海太繁华，最理想的地方该算是北平。各地选定的选手，在求学的不妨转到北平的学校去，有职业的也尽可以由政府替他在北平想法安插。总之,无论是在求学或任职，只要政府下一个命令，当然什么都可以办得到，为在国际上是争回点面子起见，这是很值得一干的。比起日本人目前那种紧张的准备情形，已经逊色得多了。

本届运动会四百米接力终点之刘长春先生。

许多人见我是个运动员，便以为我将来的事业总不出体育界方面。其实我并没有这样意思。我历届地参加运动会，也不外对于提倡体育方面有一分力尽一分的心意思而已。假如明年的世界运动会我能侥幸可以代表参加，则世运完结回来之后，我也许不再参加任何运动场上的角逐了。因为我今年已经廿六岁，再过两年，到了廿八岁以后，短跑上已不容易更发展的了。

至于我将来的事业，现在一时还不容易谈得到。我自己是东北人，东北的沦亡是我永不能忘怀的创伤。凡有什么足以使国家有利的工作，尤其是那些脚踏实地的实际工作，不问职别等级，我都愿意效忠竭力。

最后希望这一次全运会的精神，能保持和扩大下去，让全国国民都有参与运动的机会，共同享受健康的光荣，和健康的快乐。

名人生活回忆录其十·乙
李森：我的体育生活

这次在第六届的全国运动会中获得了几次短跑的锦标，我个人看来真是侥幸得很的呢。因为在全运会之前，我并没有怎样地长期练习过。我从小对于运动虽然很感兴趣，可是在故乡里面的练习完全是无所谓训练的。我是湖南衡阳县人。因为母亲就是在那里的省立第六高中学校做训育主任，所以我一向都是跟着母亲在那里念书。若说家庭环境，我可以说是很不幸的。我生下来才五个月，父亲便以肺病去世。那时我的父亲刚刚在中学毕业，进了大学还没有多少时候。他逝世之后，就只剩下我们母女二人。父亲死后并没有什么留给我们，那时我的母亲怎样地艰苦来应付一切的情形，是多么可怜的呵！那个时候，母亲还在衡阳的第六师范（即现在第六高中）念书，她一方面既得把我抚育，另方面她又得必须创立自己的前途，父亲死了，一无凭借，后此的日子，不靠自己还靠谁呢！她努力的成绩，在在表现她刻苦的精神，结果毕业之后，很得学校方面的称许，就留她做校里的训育员，一直到现在。而我们母女二人的相依为命，以至今日，也全靠母亲的辛劳的血汗酬报而来的。

父亲是以肺病去世的，他的健康自然是很坏，幸而母亲却和他不同，她今年才三十九岁，身体却很坚实。我自幼身体也非常不好，四五岁以前，常常要生病的，四五岁以后，也许是自己会得好玩，好运动，体魄也一

运动场上之李森女士。

天天地强起来了。由这一点使我感悟到一个人的身体健康，倘若自己肯努力锻炼，就不愁不会改进的。

我因为一向对于体育方面的兴趣浓厚，所以功课的成绩便不大好。初中毕业的时候，便请求母亲让我到上海来进体育学校。母亲因为我年纪太轻，同时上海方面什么亲友也没有，因此便不大放心，只答应我在高中毕业之后才让我来。我不敢重违母亲的意思，结果等到去年暑假，读完了高中之后便头一次离别了母亲，一个人跑到陌生的上海来了。

来上海的时候正是去年九月，刚是各校开始招生的时候。我因为上海的情形一点不熟悉，又凑巧有两位湖南的同乡也是来上海进体育学校的，她们都进了两江女子体专，我也跟她们进两江。这两位同乡便是陈淑芳和彭爱蒲两小姐，她们两位在这次的全运会中代表上海也有很好的成绩的。

我进两江之后，在距开课日期还有几天之前，另一位同乡跑来看我，她是在东南女子体专的，她说了种种的理由，叫我也转到东南去，我觉得彼此既有伴，照应也便当些。所以便依了她的话。但两江方面已经缴费，虽然还没开课，可是格于定章是不能取回的。后来经几许的手续，才把行李从两江拿出来，再转到东南去。这一次的损失，也算是给我初到上海来行事不小心的教训呵。

到了上海进东南之后，我的体育的功课开始，而对于短跑一门依着正当的方法训练的也只有在那时才开始。以前在湖南只是瞎弄的，没有好教练，也不知道什么叫正常的方法。进东南时，起初的教练是一位姓温的。后来那位温先生因病辞职，便改由现在的郭效纷先生教练。我应该说我今天有这样的成绩，多半是得力于郭先生的指导的。我以前起步的时候不会运用足尖的。经郭先生指点了之后，才晓得足尖起步的富于弹力，快捷得多。

说起我的短跑生活，我正式参加的运动会是在故乡读书时所参加过的湖南全省运动会。这个每年一次的运动会我前后参加了三次，三次的短跑都幸获首选。其时最好的成绩，五十公尺是七点二秒，百公尺是十四秒。去年九月到上海，十月便参加上海第三届联合运动会时，五十公尺仍是七点二秒，百公尺却是十三点八秒，比前较有进步。年底参加的万国运动会，我起先以为各国都有很好的人才，自己一定没希望中选，然而后来竟又侥幸获到首选，这真是出乎意料之外的。我在每次比赛的时候，总以为自己一定没希望中选，心里便毫不害怕，只想着尽自己力量跑过了便算，但因此而成绩也往往更好，这也许是因为没有受患得患失的心理影响，便自己更觉镇定的缘故吧。

这一次全运会，我的预备可算是很匆促的，比较认真的训练，也只有暑假时的一个暑期训习班的时候罢了。我自己个人练习曾有过的最好成绩是六点八秒，不过这个纪录不算正式的。

来上海一年多，整天地躲在学校里面，校外的上海的种种生活，我是没有兴趣的。一方面固然是学校里功课太忙，每天上午五时半便起来练习，除了星期六和日是难得有空的。另方面是遵从母亲的嘱咐。我临离开母亲的时候，她很小心地叮嘱我，说上海既没亲眷，人地生疏，这一个繁华的地方，年轻人是要很当心的。跳舞场，电影院和一切游乐的场所都是很容易使青年人堕落的所在，叫我千万留意。我时时把母亲的话牢记在心上，免使她忧虑难过。再则我对于这些地方实在也觉得没有什么兴趣。上海的公园是怎样的，我完全不知道，因为我从没进去过。电影只看过三回，一回是电影公司借我们的学校拍外景拍好了便带来放映给我们看的。两回是同学邀我去看。至于跳舞场，则只有一次我以女童军的义务到一个舞场内劝捐时进去过，但只看了一看，我就吓得跑了出来，里面的空气实在太不好了。到上海一年多了，对于上海的一般生活还是那么的外行，也许人们要笑我太乡下人罢。

这一次的全运动会，我初时本想请母亲到上海来看看热闹的，但起先我恐怕自

本届运动中百尺决赛终点时之李女士。

己的成绩不好，所以不敢叫她来，否则我们倒可以欢叙一些日子了。

倘若能够，我在东南体专明年便可毕业，因为家庭经济环境的关系，毕业后便预备到社会服务了。在服役社会之前，我唯一的希望，就是希望能参加明年的世界运动大会。我年纪还轻，今年才十八岁，假如能多点练习的机会，我希望还可弄点较好的成绩出来，借报那些爱护我的人们的厚望。

李森女士近照。

名人生活回忆录其十一
徐心芹：名记者戈公振之追忆

去年秋，编者着手筹备本年度每期刊登的名人生活回忆录的时候，在考虑着各种事业的代表人选时，新闻界方面就想起了戈公振先生。其时他正在莫斯科，编者便特函约他为本志撰他的生活回忆。不料先生过自谦抑，未蒙允许，虽经编者屡屡去函相邀，而先生坚辞如故。后来听说先生有归国消息，编者自念于会面后当可如愿。初不料先生于归国后未及旬日，竟与世长辞，至可哀也。先生虽逝，他的工作将永为人们钦佩怀念，所以我们仍以此两页叙述他的生平，特约徐心芹先生编集其涯略写述是篇。用以纪念这在中国新闻事业当中奋斗努力的一员战士，并以此表示本志哀悼之念。事业无止境，愿我们从事于新闻事业的后人在前人已辟的道路上继续迈进。

编者

一、生平简史

戈先生，江苏东台县人。民国元年，在神州法政学校学法律。二年任有正书局编辑，兼《时报》编辑，继后任《时报》总编辑。创刊《图画时报》及《时报》各种周刊，在当时教育文化界中，便取得读者欢迎。在《时报》服务十五年，自奉俭约刻苦如一日，但交游极其广阔。民国十六年一月，出国考察欧美日本新闻事业，参加各项国

戈公振先生在欧洲之剪影。

际会议，并受国际联盟会邀请，出席是年八月在日内瓦举行的国际新闻专家会议。回国后任《申报》总管理处设计主任。二十一年，随顾代表维钧偕同国联调查团赴东北。是年十月，与该团同行赴欧，任中央通讯社特派记者，并游历各邦。在欧三年，本月十五日始返抵上海。不幸在旅途中即感不适，回国不到一周，抱病入虹桥疗养院治疗无效，据医云系以盲肠炎转腹膜炎逝世。生前致力学术最勤，对新闻学颇多创获贡献。著有《中国报学史》，《新闻学撮要》等书。为各报纸杂志撰述亦不可胜数。曾任国内各著名大学新闻学讲席，并发起组织中国报学社，从事新闻学之探讨。临终时，犹向在旁友好马荫良（《申报》经理）邹韬奋（前《生活》杂志编辑）等言及，欲将《中国报学史》改写白话文，增加材料，力求浅显普及。恨未能如愿。又谓所辑《苏俄考察记》，已将完成，稿存行囊中，可交其侄宝权修订印行。（宝权今春方赴俄考察，任《时代画报》特约记者）遗孤宝树，年仅十六，因戈夫人早故，曾由戈先生抚育数年；身兼父母，现宝树肄业徐汇高中一年级，极笃行好学，戈先生遗言，除嘱以尸体送医院作病理解剖及遗著意见外，最后深以身后萧条，遗孤教养为念。戈先生长兄曙东，现任东台县教育科长，堂弟绍龙，现任广西大学医学院长，胞妹绍怡，任上海东亚体专训育员。

戈先生逝世后除绍龙外均在沪与其友人等于本月二十四于下午三时在中国殡仪馆亲视含殓。且由马荫良，邹韬奋等数十人，为戈先生组治丧办理丧葬及纪念事宜。戈先生享年四十五岁，尽瘁新闻事业二十余年。全国闻噩耗后，每日唁电达数十件。亲友公决定于本年十二月八日，公葬戈先生于上海市公墓。墓碑由狄平子书字，黄炎培撰纪念文，江小鹣雕塑铜像以纪念戈先生，并定于当日在市公墓举行盛大追悼会。

二、起居习惯

从起居习惯去观察戈先生，在大家一致的言谈中，我们知道他的为人是有恒而不肯丝毫姑息苟且的；为了醒目起见，我们也用衣食住行四项分开来说。

衣：戈先生二十年如一日的精神，也可以由衣冠整洁来表现吧？上海人很多都常说，《时报》里面有两个“漂亮的江北人”，一个是毕倚虹先生，一个是戈先生。（可参看《大上海人》半月刊）戈先生穿西装时候多，衣裤总常

戈氏返国时，我国驻苏联大使馆员欢送时之留影。

常是清洁光硬如同新穿上身。有潇洒的名士风度，而无颓废名士恶习。配上戈先生时常含笑的脸面，规行矩步的举止，确是望之俨然。

食：戈先生是喜欢尝异味的，每处为有新开店以及新出的饼饵等均要先尝为快。但不是独乐乐，而是要邀朋聚友共同饱啖。所以，请人吃饭吃点心的开销，戈先生比任何人用得多。但因为他曾患过胃病，所以虽然好吃，而吃东西时非常仔细。比方吃西餐吧？鱼类和山芋类必定用叉子压得极碎，用匙挠得极烂。肉类鸡类嚼烂后还要吐渣。但现在仍死于肠胃病，真为我们所料不到了！

住：戈先生夫人在时，家庭生活已经是很简单了。自夫人死后，他十几年守着独身，仅有一佣人帮助管理家务，照看公子。为了收入不很丰富，而且负担很重，住居处是很狭小的。每天起得极早，吃了早点，便写文章，参看报纸杂志。九十时便离了家出去，到办事处吃中饭，饭后常到青年会洗澡，并午睡片刻，再至办事处工作到傍晚。晚上应酬极多，往往深夜始到回住所。

行：他游历各国的远行不必说了，但在国内时也可以说每天是在行动之中。在上海时，他为了行动曾自备包车一部以代步，但他每和朋友出去则往往不坐，陪着朋友们走路，而且是健步如飞，一边谈话一边走。他的包车夫往往如挂虚衔一样，他找不到自己的车也就罢了，多半自己步行回家。记得他在《申报》主办画刊时，他的包车一天停放在门口，他常同好友刘硕夫一同出去，刘君自开机器足踏车，他便坐在那车的后轮坐板上。

除上述之外，他习惯上有两种美德：第一是涵养的工夫极深，受极大刺激和怠慢而不改对人和霭的似乎春风般的笑靥，第二，他和朋友接谈，应酬时候，也用全副精神；比如他生了病去看他，他往往支持着来和你对答，并竭力搜寻谈话材料拉扯谈笑，反而来代探望的人解闷；又比如他不大会斗牌，但你请他斗，他决不推辞，而且陪人到底不显倦容。输钱费神，还是笑嘻嘻地和人告别。

戈氏在奥国维也纳香布伦宫之中国厅内之留影。

三、待人接物一斑

戈先生死后，梅兰芳，胡蝶之痛哭，见于报载。他的兄妹子侄亲友不必说。那天在殡仪馆大殓时，痛哭他的不必说。全中国新闻界都同声哀悼。而且都不是为着什么名利攸关，都为的是友谊情感！据我所知，前十余年，他的夫人在未死时，为了戈先生差不多仅以工作为重，似乎把家庭看得太轻，便同戈先生分居，坚执着要到北平读书。戈先生也很泰然地由她，而且亲自送她到北平，并担任一切费用。戈先生回南以后，代夫人照料小孩，躬亲家庭琐事。而且，从来不向人提起，当然更无所谓“怨言”。有人传说那位夫人是被诱惑，以后又发觉诱惑者欺骗了她而愤恨以死。这真是一段极其伤心的事情！戈先生从此不娶，而且常常成全一对对青年男女，使他们伉俪美满！尤其是对待所认识的女友们，每个都如同他自己姊妹一般，真挚热情，而壮严，尊重！提起来许多人都是一样地赞美着。可怜的戈先生，他含蓄着一腔的悲哀！或者更是不在乎表面的热情在牺牲着自己做人；成舍我先生说：（也是很多人在说的话）在北方，尝接到好几封公振介绍青年人到报馆请求工作的信。普通替人写介绍信总是当面写好一封信，让被介绍者拿去，就算人情做到。公振则几乎每次都另有几封更详尽的私信说的这个人那几点是他长处，那几点是他短处，因为这人的长处多于短处，所以敢介绍，请给他练习的机会，这种态度，对两方面都可算诚恳到了极点！

戈先生有一些被人粗看不出的地方，便是对朋友真能牺牲自己。为朋友而挥霍：为朋友而不顾自己的利害。有时，人家或者觉得他举动异常，而嫉妒他的人，便不免用那些“有野心”“结死党”等话来阻挠他的图谋，因此戈先生十几年来都不能在中国新闻界得到发展的机会！其实，这正是他的异人之处，他的美德！热心！

还有一桩事，可以证明戈先生对朋友的诚恳。据刘硕夫兄告诉我，戈先生自己的行囊中预备得有一个特殊卡片盒子，那其中一张张的卡片，便是他在每次认识了一个朋友后的记录卡。分了姓氏笔画把每一个朋友的暂时住址、永久住址、简明履历，都写得清清楚楚。我也能见戈先生说过，“得一个朋友不是容易，希望得一个朋友便是得一位导师和助手”。由他那盒卡片的记载，使我们更知道了他对于友谊的认真！

四、生活枯燥时期

为了专以“做人”为目的所致吧？戈先生有一个时期的人生观枯燥极了！甚至于连他的家庭也因之破裂；那时的戈先生，一天到晚只晓得以工作和新创文化事业为目的，很多“及时行乐”的朋友常常笑他“何自苦乃尔”？但他并不觉得怎样。那时的和霭气象还脱不了“道貌岸然”“木讷落落”欠活泼；等到遭了家庭变故，最初是极其蕴藏着悲哀！幸亏得到一个出国放洋的机会。一阵子海阔天空，异国情调，大约便是陶融戈先生的好材料，戈先生在第一次返国时，他的人生观便较前大为滋润起来。

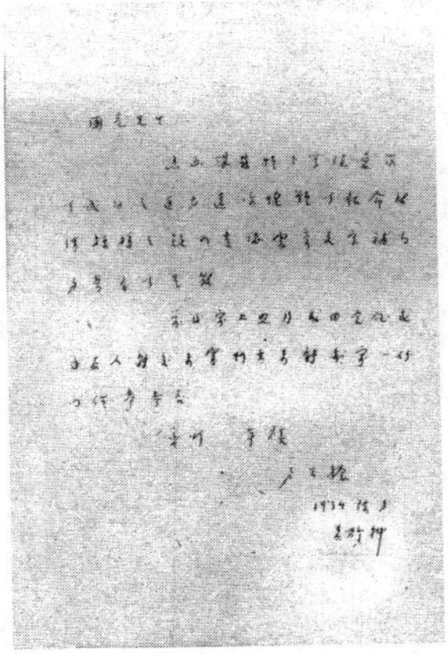

去年秋编者函请戈氏为本志撰其生活回忆录，戈氏在莫斯科于除夕日复编者之原函。

五、努力“切拔工作”时期

在被忌者排挤和自甘退让情形之下，戈先生虽然抱负了志愿回到祖国（第一次回国）但仍然茫茫然不知所托！

那时，天津《大公报》胡政之先生颇有罗致戈先生之意，而在戈先生自己也很想入《新闻报》工作。那时张竹平先生在《申报》，乃再三向史量才先生介绍，说明戈先生是一个难得的人才，经史先生决定延聘，便在戈先生归时首由《申报》派员（大约是董显光先生？）到码头接他约入《申报》任事。却又因编辑部满额，连办事处也是特辟张竹平先生私人会客室来容纳他。成舍我先生在《上海人》中发表哀悼戈先生文中所说："公振办事，责任心特别强烈！当他第一次归国后曾担任某大报整理参考部材料的职务。参考部之于报馆，在欧美恒以为报馆的灵魂。在前五六年的中国，甚至现在，其重要性却似乎还没有被一般报馆主人，和编辑先生们所认识。所以那时候虽然添了这一部，实际只是虚设。但公振并不因为别人不重视，而即放弃其负任。我每次从北方到上海来访问他，总可以看见他在一些像片和剪报的纸堆中，埋头工作。我笑着问他："这不是劳而不见功么？"他叹着气说："有功无功在人，肯劳不肯劳在我，只要我肯劳，就不管有功无功了。"很多人在那时都知道戈先生还是未能展其所长几乎无事可干吧？但他却能在无事中找事做，埋头于"切拔工作"（即是分类剪贴新闻以作参考资料）统计，编目，不惮烦琐！每天蜷伏在小房子里不问外事，仅与剪刀浆糊时刻不离。不久，史量才先生想办画刊，因为戈先生曾创《图画时报》便委托他负责。

六、爱好艺术和运动时期

戈先生负责创办《申报画刊》时候，便首先创用海里司的影写版印刷，尝试下来，成绩不算坏。只是那时中国摄影还不发达，小型快镜也刚刚输入不久。他开始搜集材料，便是到好朋友家里去翻照相簿。看见他的摄影，便老实不客气地撕下来应用。而且也就在那时他十分注意艺术界人物和作品，每一次美术展览会他都热烈帮忙。（我和戈先生认识，便是在那时到上海参加天马会，由杨清馨张辰伯江小鹣三位老兄介绍而结交。同时认识了朱应鹏汪亚尘张若谷丁慕琴鲁少飞张光宇滕固，邵洵美诸兄。）戈先生不特埋头静静的工作；同时他又很明瞭动的工作的必要，他开始训练摄影记者，并征求人才。最初是延请刘硕夫兄合作，继续请粤人莫天祥先生任新闻摄影，李尊庸兄任稍偏重艺术摄影。继后由董显光先生介绍王小亭君加入，（李子洋兄好像是那时入《申报》？）组织“新闻摄影社”“News Photo Service”除自用而外，还供给国内外杂志书报。但因为开支浩大营业又未见发达，老板方面，渐有停刊之意。那时戈先生有个志愿，常向朋友说起。第一愿他以为凡为新闻记者，必须对照相和艺术有深切的研究；第二愿凡为新闻记者均能用

戈氏逝世后入殓前之遗容（吴宝基摄）。

外国话作滔滔演说与雄辩口才。以后，他的摄影艺术是十分到家。至于艺术，他对中西艺术理论和文艺批评派别均极有研究，不过，据朱应鹏兄说："他对绘画怯于尝试，但欣赏之理解则甚高超！"对于外国文字，他非常努力地研求，他资质虽差，而用功不辍，料想此次回国，英俄文必定都能上口流利如意，只可惜我们竟没有机会再恭听了！呜呼！

戈先生那时更注重锻炼身体，常常到青年会健身房体操，打球。夏季还练习游泳。而且，因徇刘硕夫兄之劝，也常常跳舞，为了半路出家，不免"不甚佳妙"，但仍不顾风雨，常常练习。相偕的多为海上知名小姐们。因为他自己也是以郑重态度一本正经殷殷求教，所以虽不为小姐们所特别欢迎，但也从未有人觉得他是时时苛求。每次相邀，同偕者也极其踊跃。已拆去的大华饭店，便是从前他常跑的地方。

七、友好的引憾

回溯了戈先生的生平简史和他重要的轶事以后，我还要申明和哀悼他几句。我以前和戈先生并非亲切的知友，只因在新闻界的厮混，和他颇有相同之处。不免借他人的酒杯浇自己的块垒，慨乎言之，实有隐痛！荷硕夫兄见告了许及珍闻，感痛更深。记得十月十九日到第六届全运会场，碰到了据说心血忽然来潮的小鹣兄从西司令台来，叫我同他去吃点东西，两人沿场门外走廊踱着方步，忽然碰到了戈先生。那天天气很暖，而他穿了黑厚呢大衣更围上围巾。几句寒暄后，他说要寻了潘公展先生的汽车回新亚酒店去。因为小鹅肚子饿，大家便匆匆而别，准备去看他的日期还没有说好，便想不到由此永诀。过了一天，我碰见许士骐先生，猛觉那神情态度竟和戈先生一模一样，（许先生亦艺术界中人，面貌极肖戈先生。）只是开了口称呼起来，仍是许先生！呜呼；我们今日，再到天涯海角，也寻不到第二个戈先生了么？天长地久！此恨绵绵！

硕夫兄讲起了戈先生，一面和他夫人饮酒一面夫妇相向而痛哭，此景此情，令人凄惶万状！我们后生小子，环观中国新闻界，已觉人才缺乏万分，再加以又弱一个！我之怀思，永远休止矣！

名人生活回忆录其十二
马思聪：童年追想曲

我的家庭一向和音乐是很隔绝的，亲戚里头想找一位能拉拉胡琴，吹吹洞箫的人是办不到的事；因此我幼年和音乐接触的机会很少。我第一次听见音乐是当我三岁那年在外祖母家里的留声机上，母亲说我那时跟着唱片一齐唱，唱得怪有趣的。

近来我在 Lavignac 的一本书中看到小孩子倘有此类情形，便可断定他对于音乐有天聪，可使之习音乐。我七岁时听堂嫂嫂在风琴上弹中国调；不久我自己也学晓了，母亲就买一架风琴给我。记得我那时手细，不能效堂嫂嫂以八度音和奏，我就以三度音代之，现在想起来，这倒比较合于和声呢。

十二岁的固执的小孩子。将出国时在香港所摄。

风琴是我的第一个乐器。我九岁入小学寄宿，同学们吹口琴，我也是其中之一。后来我又跟一位中学生学弹月琴；我会背出好几首长不愿绝的粤曲。

民国十二年大哥由法国回来，带回一个提琴，这是我第一次看见的提琴。大哥能弹几首容易的曲子，我觉得比我先前玩那乐器的声音都美妙得多了。“你高兴学吗？将来带你到法国去学。”大哥随便说出。我很高兴："我一定去。"我说。其实我高兴的并不全在乎去学提琴：离开学校到外国去看看新奇，这才好玩呢。我才十二岁，父母亲的意思都觉得年纪小去不得。可是我是很固执的小孩，以"一定"始就以"一定"终。

起程之日到了，小船把我们送上大船，小船又把送客送回去。失去了魂似的我立在甲板上望着近山远山，望着阴天，望着海。我在想：这海将更辽阔，无涯，远，远；我便是这样如梦地离开了祖国。

我们在大雪之日到法国，巴黎给我童年的第一印象，只是黑房子，雪和雾。一切先前的兴彩都消失了，这是寂寞加上荒凉，但并不回头想回国去。

我们先到方登白露（Fortaineblean）住。大哥给我请一位女教师，这是我第一位教师。我还记得我很看不起她

由童年以至少年，始终保持我的"二衣主义"，不论冬天，晴天，或者是雨天。

山色湖光·做成我的音乐的环境。
（哥哥和我在巴黎近郊漫步）

十四龄入曩西音乐院，生活开始有生气起来，我的提琴功课也特别用功起来。

的提琴。琴上全胶满黑墨墨膏药似的东西。后来我才明白这黑墨墨的膏药是用来把琴装饰得旧一点，因为旧琴才值钱。

她拿起弓，放在A弦上，来一个下弓。

——“敢啥！”她说。我学了。“谢啥。”

我立刻明白“敢啥”一定是“这样子”。“谢啥”即“就是这样子”。这是我最早懂得的法文。

“敢啥”时代继续两个月，进步是很微的。我们迁居到巴黎东边一家Pension de Famille。我住一间大房子，阴沉沉的，那张床之大足任我横睡直睡。大哥住在另外一房子里，不大理我。我整天禁在房子里，琴还未弹到能引起兴趣的程度，法文书当然也不会看，无聊得太要命就拿皮球对墙拍几下，这算是我唯一的消遣了。在巴黎请的也是一位女教师。她很严，进步也似乎快些。一天总算弹得三个钟头。

如此者半年，于是又迁居。这回大哥送我到一家法国人家去住。房东是位七十多岁的红鼻子，也即是我的法文先生。提琴先生又换一位，总算不阻止我进步。因为整天说法文，两个月的时间已把法文说得很流利了。后来提琴教师又换一位，是毕业于巴黎音乐院的女教师，这是第四位了。记得有一次在大雨倾盆之下，我骑单车到她家里上课，我全身湿淋淋。她看见我的情形又不能不让我进她屋子里，我所经过的地板直像一条河流。她那副“大祸临头了，救救命！”的神气真使我过意不去。

——“你为什么不穿件雨衣呢？”她问。

——“我这样已足了。”我说。

真的原因还是在乎我童年时一股傻气。我要做一个天不怕地不怕的好汉；无论冬天夏天，晴天雨天只限穿两件衣，大雨也是照常出入，冬天洗冷水澡。结果并不伤风也不病倒，身体却非常壮健起来。

很早我就有所谓创作欲。少时崇拜项羽便作了一首命名曰“楚霸王乌江自刎”的提琴独奏曲,还有一首名曰“月之悲哀”是取义于同名的一篇童话的。

在红鼻子先生——忘其名，姑以此代之——家里住了一年，觉得还是入学校好。我便去投考囊西音乐院，却很不费力地便考入高级。

我的教师是一位美须公，短少而好说笑话。师母有一对奇怪的眼睛，倘生为金鱼，必是标准美鱼。我们同班十四人，因为教师爱说笑，我们上课很舒服，随便谈话，做鬼相都不禁止的。和后来在巴黎音乐院的严肃真大不相同了。必修科除提琴外尚有视唱，乐理和室乐，我更选箫为副科。

我加入音乐院，给学校一件意外的新奇。校长也颇感到兴趣。因为我音弹得颇准，有一天他问我：“是不是你们中国人的耳朵是特别好呢？”我说：“恐怕是吧。”其实我夸口，若其然则中国乐器早该准了。

我住在一位老妇人的家里，大女行近三十，擅钢琴，次女擅理家务。因为大女常和我合奏，我就到一家音乐商店租乐谱；在整个半年中，提琴的书籍几可说给我搜罗殆尽了。

生活开始有生气起来，课是很多：计起来每星期的提琴课到学校上二课，到先生家里上二课，视唱三课，箫二课，钢琴二课，法文每天都有。同学们对我都很好，他们都爽直而且快活。

回想起来，我在曩西音乐院所得的益处与其说是质方面则不如说是量方面的，论提琴则弓的运用是错误的，钢琴算起了头，箫只吹了两个月，最得益的要算视唱和乐理，罗特先生在我看来可说是音乐院最好的先生了，我永忘不了有一次在音乐院的预奏时，我司理着打三角（Triangle）的职务，他在吹着喇叭，忽然他把贝多汶第五声乐的命运主题向我耳边猛吹几下，我的耳膜猛受震动，倘不是命运对我还算不坏，我必被贝多汶收去作他的聋徒弟了。

十余年来受着音乐之陶冶，到如今，我没有一天离开我的小提琴。

我至今还爱好着曩西城，它的安静是最令人回忆的。园内的树高到好像要顶到天，这是我在任何别的公园所见不到的。囊西的居民大多是良善的天主教徒，这和巴黎有很大的分别。提起巴黎人谁都知道是代表无乐不享的人。囊西居法国东北部，冬天天气比巴黎要冷些，我的“二衣主义”还保持着。零度下二十度没有使我投降，我的窗门是永远不关的。房东们号我的房子曰“冰箱”。

大考到了，我弹 Paganini Concerto，这是一次对着一大厅人演奏。许多人说第一次演奏会慌到脚也立不住，我可没有这样的感觉。大考的结果我得最优第二奖，这于我并没有什么高兴，因为究竟我已不大看得起囊西音乐院，更信任不过我的提琴教师。我便决意回巴黎去。

回到巴黎，毫无头绪，拜哪一个师父呢？一位法国朋友介绍他的多年老师 Oberdoerffer 先生，是巴黎国立歌剧院的提琴独奏者。我见他时弹 Lalo Symphonie Espagnole 他听了表示非常的兴趣。他说：“表情好，技巧上许多是差误的。”这技巧的差误大部分在于右手执弓之方法，小部分在左手的指头上。我很快便改好了。我来法国这是第三年，此回才得一位正派的教师，把我从歧途改转来。幸巧还改得早，倘若再过几年，差误深了，改转来要比从头起首还要困难。在此奉告习提琴者，首先须从学于正派的好教师；不然把一个差误弄坚固了，其害处是把光阴白花在绝路上。

Oberdoerffer 先生是我的第五位教师，我现在回想：倘若我初到法国即就学于一位好的教师，我必可把时间省一半。从学于 Oberdoerffer 先生，使我在技巧方面和表情方面都突然向上。Oberdoerffer 夫人更是我的钢琴教师。她也是颇好的钢琴家，且是第一流教师。从此时起，我的时间大部分专工于提琴，每天约弹六小时。当我从他学了半年，他正给我预备投考巴黎音乐院，我颈的一块起初不令人注意的瘤渐渐长大起来，到后来，竟成了弹琴的阻碍物。医生说须立刻停止弹琴，到 Berck 海滨去医治，那里的空气是适合此症的。

Berck 是一处很大的海滨，沙滩广阔无际：那是骨病病人的大本营，他们大都卧在马车上，自己驾马。夏天，无病的人也来避暑，各处的客店都有人满之患。白天里，人们穿着游水衣千千万万聚于沙滩。我和我的哥哥到了只两天便和许多青年好汉交结，不久我们的队伍增至十人，这样已足有打平天下之势了。这暑假是幸福的，过节似的日子，回首起来，那才觉得万分眷恋。

暑期完了，避暑的朋友们先后离去，Berck 的人口减其大半，末了，我发觉自己独住在“隐士”客店里。

孤独。沙滩上只剩我一个人。随着海滨我行到很远去，那边简直是大沙漠。这边是大海，海涛不停地涌着，尤其是冬天，北风像鬼一样呼号，卷起沙石，把海气带上岸来。没有一个时期给我更如此多量而且细心看落日、月和星辰。这个时期给我的印象非常深，直到现在，我常常回想到当日的情景。

因为弹不得提琴，我就专工于钢琴。我到一位先生处去上课，法文我也有一位教师。我更到一家书店借书看。半年间我看书的量数不少，质也好，因为向来看书非名著不看，现代和古代的都是一样看待。

我在Berck一共住了九个月，虽然提琴是毫无进境，但在另一方面看，我自觉是颇有所得的。现在拿起一九二七年的小日记看，觉得颇有趣味。

十二月廿七日（星期二）的日记中有如下的一段：

“早餐。十时到不仑牙上第一次和声学课。大雪。路上只见渔人和加非馆。天气怪阴沉的。课后出了恶梦样回Berck。啊，坏天气！大风，大雪，寒冷。”

这是我留在Berck最后一天，次日我就回巴黎，重到Oberdoerffer先生家里上课。一直至暑假又过了，我便考入巴黎国立音乐院Boucherif先生领导的提琴班，这回我又作了第一个考入此音乐院的黄种人。我永远感谢Oberdoerffer先生，我所得的直接或间接多由他所赐，后来从Binenbaum先生学作曲也是听他的主张。我的提琴和钢琴奏鸣曲谨献给他，借以感谢他。

后　记

国亮先生要我写一篇关于我学音乐的经过，尤其讲及我初学音乐时的吃苦情形，我说：“我并未吃过什么苦，怎么好写呢？”他说：“那也不要紧，你写就是了。”读者想必也嫌我没有吃苦吧。我也自引为憾。聊以自慰者却是幸而没有到外国去白花岁月而已。

名人生活回忆录其十三
黄柳霜：我的自述

初次归返国土摄于上海中关码头。

我国留美电影明星黄柳霜女士，最近返国，本志特约女士为撰其个人生活一文，幸承赐允，惟女士对于中文向少研究，故原稿系用英文书写，兹将其译述为下——炳洪附志

做戏可以说是我的第二生命。我从幼就喜欢对着镜扮演戏剧的动作，或者对着我所玩的傀儡当为我的观众而表演来。那时候我没有想到我会在银幕上，或者对着真正的观众面前表演角色。到了十一岁时候才给我发现了电影这一种东西，于是我就找着机会尽量地去看电影了。

我的父亲虽然生长在美国，但还带着中国人的旧头脑，以为好儿子是不做戏的。我们日间在美国公立学校读完书，父亲却同时要我们到华侨学校读中国书，所以我对中国文倒认识几个字。英文校是由上午九时读到下午三时。读中文的华侨校却是由四时起至七点半。这样长时间的读书，我是没机会去满足我的欲望——看电影的，除非我是欺骗教员或是瞒着父亲，而偷偷地去看一趟。

厕身于电影界，我记起第一次在幕上出现的是在米曲罗公司Metro摄制的片子叫做“红灯笼”的，女主角是当时著名电影明星娜萨穆华Nazirmova。摄片时适值学校放假，所以我能有机会放着胆子加入电影场。那天我所扮演的是三百个临时演员中的一个，虽然角色很微小，但这个经验已给我一个莫大的快感了。

黄包车上之黄女士。

第一次上镜头我并不觉得有什么害怕，因为平日我对自己都是做戏的，我的脑子里构造幻想的世界，我置身于虚妙之境，所以做起戏来，我就感觉很快乐，好像是表现我自己似的。

我的电影生活可说是从艰苦中讨得来的。起初所得的待遇，真是非常之薄。头一年在电影界不过做了两天工作。当时我的父亲知道我要做戏，极力反对，但我并不因此灰心。虽然做戏机会来得很慢，我却愿意耐心地等候我的日子的来临。

做了几次零碎的配角以后，我才在“月宫宝盒”*Thief of Bagdad*一片中得着一露头角的机会，这片大概许多同胞都看过，是武侠明星范朋克主演的。范朋克在那片中，给我许多表演的机会。

此后我的做戏机会便渐渐地多起来，不过好的角色不常有。而薪水也不过按片子给值的。多年之后，才和派拉

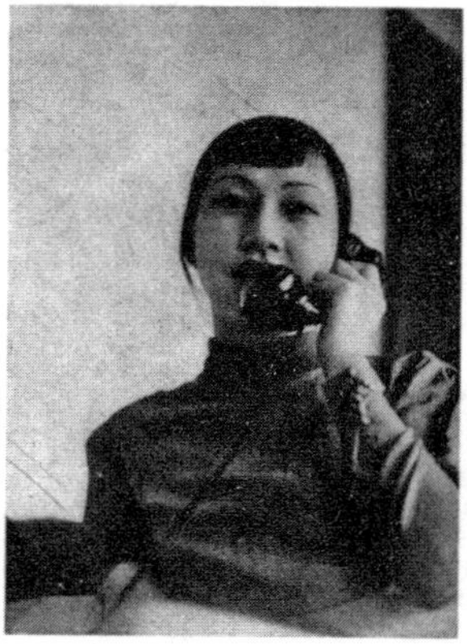

旅邸中每天接听无数影迷的电话。

蒙公司订立正式的合同。在派拉公司旗下，我与德国女明星玛琳黛德丽 Marlene Dietrich 曾合演过“上海快车” *Shanghai Express*，及与乔治赖甫拍演 George Raft“石灰屋之夜”等片。至于我主演的片子自己认为满意的是那本全部五彩叫（*Toll of the Sea*）的。

在美国电影界做了好几年，我觉得没有什么发展的机会。因此便想到欧洲去。那时德国电影很盛行，几张名片如“风流女伶”，“大都市”，名导演如刘别谦，杜邦，冯史屈汉等人才辈出，于是我便决心到德国去走一趟。

我初到德国因为不懂德语，还没有找到工作。我费了几个月时光学习德语之后，第一次在德语声片中出演，便大为社会所欢迎。在德拍了好几张片子之后，我又在舞台上继续工作。我觉得在舞台上工作是更感兴味的。

后来我又由德到伦敦，在英京也登台做了几个月。在伦敦做的舞台剧叫做 *Circle of Chalk*，是采材于中国古剧的。同时我在英国也拍了几张片子。

欧洲方面，他们对我的印象很好，所以当我回来美国的时候，我的声誉地位便增高了许多。随后便在纽约舞台也表演了好几次。在芝加哥，西雅图，盐湖城，三藩市等地，更以个人表演歌舞，博得很多的好评。

上海国际饭店寓次撰述本文。

外国人常常对中国人有很多的误解，尤其是往往坐井观天地武断了全部。所以我每次登台在未启幕之前，必定对着观众说几句声明，说无论我所扮演角色怎么坏，不能代表我中国人的全体，希望在座观众不要误会。这句话说完之后，我从他们的掌声中知道他们对我的话是很同情的。因此在外国，他们都叫我是“中国善意的使者”（The Ambassador of goodwill）。

我虽未回过祖国，但我到底是中国人。记得我在柏林演了第一部片子而侥幸成功之后，戏院的客厅挤满了等着看我的人。我从影迷的群众中挤过去，我忽然感到我是孤独的，因为我发觉围在我旁边的都是异国人。我在那边学习德语，法语等，学习越深，对中国的怀恋也愈甚，我竭力在我们民族的传统精神上找寻安慰的哲学。我觉得很欣慰，因为我现在到底踏进这梦想了许久的中国来了。到上海没几天，人人都问我对中国的感想。当我在国外时候，我时常阅读中国寄来的文章杂志；在外国所出版的中国书籍，我也常买来看。林语堂先生用英文写作的“我们的国与人民”，在美国出版时很受欢迎。我以为中国人的好处，有许多为外国人所不及。昨天有一位周先生来看我，他是在青年会教书的。我敬慕他那种中国学者温文有礼的态度，同时他是受过外国教育的，你看他好像把中西文明融合得很调和。

我这次回国，想从教育方面多得一点学问，我预备学习国语，游历中国名胜，领略各地民俗风土习惯。至于我是否要在中国拍戏，我现在还没有这计划。中国影片在世界市场是很有希望的，我很奇怪为什么中国影片在外国公映的这样少，因为我在美国时看过一张叫做“人道”的中国片，在伦敦也看过两张，片子都很不错。

国人对于我所扮演角色，有点指责，这使我很不安，因为我这种错误是无意种下的。在初期入电影界，我只能完全受着导演者的指挥，不要说所扮角色是什么连自己也不知道，甚至片中的情节他们也未必说明白。这是事实，导演者对于闲角演员是不重视的，除了几个重要角色有权审查剧本内容是否对自己主张有冲突之外，其余是不闻不问的了。近年因为我的地位比较增高，对于扮演有关国体的角色，我都很审慎，而且对于剧本内也常常提出修改的意见。

回国后之黄柳霜女士·本志特约沪江摄影室摄。

最近米高梅摄制“大地”一片，虽然曾派大队人员来华实地摄取外景，但带回美国之后,有许多地方是不适用的。“大地”的原著,已遍传遐迩,以这样有关中国整个国家的影片，而担任主要角色者没有几个中国人，我觉得不很对的，所以当他们征求我担任片中的一要角时，我也表示拒绝了。

我今次回国，目前的志愿是看看祖国的实况，和学会国语。电影工作方面，更希望能够做到一个完善的演员的地步，能够充分地把艺术贡献于大众之前。

现代成功人自述之一·足球体育家李惠堂述：离了母胎到现在

某日的中午，我在海军青年会独自据桌大嚼，蓦然地来了一位不速之客，原来是久未晤面的良友。

“惠堂兄，好吗？我适间到广东俱乐部找你，茶房说你来了这里用餐，所以我特地赶来，近来忙罢？”一度握手以后，我便答道：

“得所兄，久违了，真想不到在这里相会，有什么见教呢？”

“不错，下期的良友，发起了特别栏，专请近代名人成功者亲笔来自述生平，我想老兄在球界里立了不少的功勋，所以特来请你费神，担任一篇。”

“不敢当，我哪里能够受名人和成功者的头衔；而且，我虽然在球界内有多少贡献，但是那也不过匹夫之责能了。”

几度问答之后，经梁君再三的坚请，我便固辞不获地应允了。不过我要郑重声明：我写的无非是我生平关于球界的事实（无价值和无趣味的恕从略）。我并不敢以名人自居，更不敢以成功二字自傲，因为，我常常感觉到我离成功的境界，尚有很远的途程哩！

以上便是这篇自述的来因，以后便是“离了母胎到现在”的事实。从前所摄制的剧本，现在又选到银幕上来重映一遍。电灯熄了，就此开场罢——真奇极了！到现在我还找不出满意的答案。我父亲当然不是一位球家；家母呢，弱质彬彬，更不用谈了。而且，当我在香港呱呱堕地的时候，国内足球之戏，还是像怀胎未出一样。但是，谈来似不入信，当家里张排所谓弥月的筵席遍请戚友那时，各人把所有的礼物统摆在上桌上让我自己去拿，那时眼睛才会睁开的我，自然而然地竟抱了一个红绿相间的皮球，难道是“皮球入梦”，所以才有这种天生的嗜好吗？

是家慈和我说的，我就是在襁褓的时候，也有非皮球不欢的特性。到六岁开学那一天，我隐约还记得我是带着一只小皮球来跪拜孔圣像的。以后上课无论朝午，除了书包外，皮球便是我惟一的伴侣。那时因为我年尚幼稚，家中也任我纵情地为所欲为，并不加以拘束，还多购皮球来博我的欢心。但是，一年复一年，到了我十岁的时候，家庭的自由，于是逐渐像西山日般消沉了。我逐渐像失羁马般顽皮了。那时唯一的嗜好，便是看球踢球。球为第二生命，哪里还顾得许多呢！

那时华人足球已有相当的程度了。南华会也在着手组织。所以一遇有球赛的时候，下了学便挟了书包亡命地跑去跑马场赶看下半场。有时看客围得水泄不通，我也不管三七二十一地向人丛中乱钻，务要达到坐其包厢才止。人们讨厌我多事，骂着或给他们打一顿，我也不觉着什么。看球是球员或希望做球员的人所少不得的；多看多作，自能挥写如意，这便是作文的原理，足球也是一样，我今日有这种的成绩，真有一半是归功于当时的看球癖，那时无知无识，更梦想不到当时自己非常钦羡的球员，泰半是我他年的球场队友，至今回想，尤觉非预料可及，尤觉非常的快乐。

闲常无球赛的时候，便是我自己踢球的机会。我那时年纪虽则不大，但是对于球之管束，也很纯熟了。遇着无人和我对赛的时候，我便自己拿皮球向墙上施以攻击，由缓至急，或高或低，或用头，或用足，务使随来随踢，迎送如意，左右不失，这种的训练我觉得非常地收效。有时我的小弟们在家，我便在门前和他们开战，使他们手足并用向我夺球，这也是练习盘球的好方法。至于和同村的小孩们球战，也差不多日必一次，有时为小争而打架，有时踢至皮破血流，有时或竟酿成更大的风波，或受着较深的痛苦，而我却自始至终，从未存丝毫的怨意，从未萌半点的退志，反而增加我无限的兴趣，助长了很多的勇气。最

本文作者李惠堂氏近影。

难得的，便是我住宅的面前，却有草场三所，踢球非常便利；不过有时高兴起来，通衢大道也是我们的球场，汽车往来驰驶，我们一班不怕死的小孩子，却一点也不理会，依旧拼命地干我们的工作。

我的家庭是差不多有十六世纪的风气，家长们的头脑也非常陈旧，尤其是我父亲，他的性情刚烈，世罕其匹，（老父，恕我这样说罢！）一触其怒，鞭挞至极。到了我十岁以后，他们便觉得小子们只可专心攻读，好像还希望将来金榜题名的意思；旁的游戏，是不准干的；所以，我在这个时代一直到他们完全觉悟的时候，六七年来的踢球看球，统是违背着他们的意旨去硬干的。有时被他们知道或看见就要挨打，最轻也一顿大骂。从球场回来太晚，夜饭用过了，自己只得像时迁般跑到厨中找冷饭吃，有时连冷饭都给猫狗食完了，自己只可把裤带束紧，一点也不敢出声；像这样的苦，挨过也不知几许次数了。尚有他种有阻止我继续嗜球能力的障碍，也不知多少。但是，压迫越烈，嗜好越深，我抱着心坚石穿的宗旨，始终和当时的环境奋斗，和当时的顽固家庭抵抗而求其早日悟觉。结果，我到底得着胜利了！我要声明的，我虽然有了牢不可破的球癖，但是，在学生的时代，我从未逃过一次的学，而且从未有想着逃学的念头。我很希望现在的家庭，不要学我从前家庭般管束过严，因为我恐怕能像我般不畏难苦奋斗到底的小童，良心上说一句，一定不见得很多罢。多一所陈旧的家庭，岂非减少了一位以上的球员人才么？

我惭愧极了，惭愧至于不能自容了。我想将来到了临死之日，恐怕这桩错事也不会忘了罢。我虽然常自夸着受了诸多痛苦而仍百折不挠地不萌退志，依旧把足球当作我第二生命。但是，偶一念及那回的事，内疚之余，真使我生无限的悔意，真有令我把那足球两字恨入骨髓的可能。实际上几乎因之而消灭了足球的兴趣，中止了足球的生活。我记得是我十二岁那年的深秋一天罢，那位从中山县来探视我们，年将七十又慈又老的外祖母，准备于那天夜饭后言旋，家严吩咐，我要把她老人家亲身送上轮船，我很高兴而愿意地答应了。她老人家坐着我的包车先走，我是预备坐电车到码头那边相会的。后来当我步行至车站，道经草场的时候，却凑巧遇着我们的村里和别人大战，刚要下令动员，我因为是那时的小球健者，便被他们嚷着劝着入阵了。把我身上所负的使命竟完全忘却了。此种不自知不自觉的行为,若非平日有了特嗜是断不会干的。结果，船是送不着，害她老人家望眼欲穿，据车夫说还流了几滴老泪，我回家后还一误再误地向父母面前撒了大谎，到了清夜睡不入梦的时候，良心便向我兴问罪之师了。我便把那回的过失,牢牢地记在心头,在脑海深处加了一个深印。小朋友们啊！在我勉励你们的当儿，我却要抱着很诚恳的好意，用“前车可鉴”四字，劝你们不要干像我所错干了这一回的事呢！

十五岁那年，我因着父亲生意须人协理，所以我便忍痛地离开了我可爱的学校生活，我从前游学的希望，也随之而告绝了。我一方面虽然恨我父亲不能栽培我到深造的教育，但我一方面因着能够帮忙我老年的父亲，我也感觉得非常愉快，觉得好像非如此不足以尽孝道；不过，我所最引为遗憾的，便是我在学生时代，因着身材短小和体质孱弱的关系，从未有代表出席比赛的机会，虽然同学们都加上一个小球王的徽号给我，但是，小球是无赛会的，一谈到大皮球，便有心无力，迫得退避三舍了。

在我日比日壮，有成人趋势的时候，我父亲曾屡屡责我以大义，说我不应再有这种嗜好，分了学习正当营业的心思，我初入社会，觉得父亲之言是很入耳，但不久又故态复萌，根性难改，一有偷空的可能，又往球场里追逐了。因而犯了父怒，施以痛刑，和连累家慈洒泪，又真不知几何次数。可是，打骂尽你打骂，洒泪尽你洒泪，不孝的我，却积年累月地增加了无限的球兴，进步了很多的球艺。结果，性如烈火的父亲，渐渐很明白地软化下来，慈和的母亲，也很少为我而哭了。

我虽然积了十多年的经验，从压迫中努力奋斗，苦心锻炼，但是那不过是小球的功课和成绩罢，踢大皮球还是机会很少。因为，第一件我身材不像现在的长壮，第二件大皮球是要不少的钱才可买到的，在家庭仍旧专制和经济还未独立之时，休想向他们拿钱来干他们禁止我干的事。这样很无

“泅泳也是我的嗜好”。

意味地又过了一年，我的正式赛球机会来了，我身体也日长月壮，不似前此之弱小无力了。原来那年的暑天，南华体育会为了要物色新人才，便发起了一个夏令足球比赛会，加入的球队是以区域来做本位；那时我们的村里十九皆有球癖，看见了这次进身之阶，哪肯轻易放过。于是便组织了一队报名参加了，我是村里的健者之一，当然也在参战之列。起初我的父母也不许我去干的，后来因为村中的亲友们动以大义，说什么为村争光，才勉强表示允意。最侥幸的，那夏令赛会所用的场地，就是在我们村里的入口处，所以每场比赛，都惊动了我头脑陈旧的父母。他们也常在观战之列，因是而略略领会到球战的滋味，到了后来竟不自觉地也有了看球癖了。以后对于我的拘束，便渐渐地放松，不过尚未达到完全自由的田地。

桌球。

我快活极了，我觉我的反抗和奋斗的工作，已显然得着报酬了。从前放下了的种子，现在在萌芽了。十数年来的牺牲和痛苦，到那时候才得初步的安慰。我精神上真快活极了！尤其是那首届的夏令赛会，我们节节胜利而获着锦标，把很荣耀宏丽的银盾夺了回来，每人还得了一枚真金的奖章，那便是我有生以来第一件的奖品，也可说是勉励我将来努力的良剂。

南华会里的足球委员，因为我们是冠军队便额外加以注意。结果，队内四五人都给他们赏识了，到了秋深的时候，便录用于乙组中对外人周旋。素抱大志的我，于是也得现身于中外对赛的球场上了。在初试的当儿，他们以我等经验未富，所以调到乙组中效劳，我那时初任中锋，因为合拍不得人，所以竟犯了好盘的毛病。以致半年内的赛

网球。

会中，我也无什么惊人的贡献。而且恐怕那便是我止境的地方。幸亏当时眼光较为锐利的老前辈，竭力地要提拔我，他们说我是奇才，不过无发展的机会罢了。临到了球季收束的时候，他们便给我到甲组表演的机缘，我那时初出大场，当然也犯着 Stage Struck（登场怯）的毛病，而且他们因为要试练我究竟怎样，我便成了那次的众矢之的了。幸亏造化有情，那场我的施展，确值得他们的赞许。他们微有不满意的，就是说我胆怯一点罢了。那场过后，我便初露头角，我更觉着快活了，因为我感到我生平所受的痛苦和刺激，到今日既有相当的成绩，我幼时的梦和幻想，却一一化而为真了。得寸入尺，我那时虽然能够达到了我童年的志愿，但是我一站在那个地位之后，我的希望又更进一层了——我再进一层的希望又快实现了。一九二三年五月里，第六回远东大会要在日本举行，我自从厕身甲组以后，立了不少的功勋，所以等到选员赴会的时候，我当然不会落伍。最可虑的，便是家庭中的照会，能否取得罢了。

我生平是最喜欢游历的，但是为了家庭和环境的关系，除了返乡时经过的内地市镇外，他处简直从未去过。这次远东在日本举行，当然要游览很多的名胜；因此，我便在南华会里重要分子方面日夕磋商，请他们设法向我父母运动，结果，还是我父亲稍知大义，经会内的要人几度要求后，便慨然首肯。我母亲呢，她老人家因为我从未远离过她的膝下，很依依于我的远游。我得了参加远东的照会后，雀跃至于三千！那天乐而忘食，连睡也不肯睡，镇夜在榻上胡思，幻想远东将来的种种情况。你想，在一个陈旧而严格的家庭内而有这种的自由，那得不手舞足蹈！

第一次远游开始了，家慈少不免洒了几行珠泪，我也很天真地滴了几串来陪她老人家。离了香港以后，号称繁华的上海，不两日竟和我初次会面了。到神户下了船，趁火车到大阪去，轰动一时的远东大会，也不久在该地开幕了。结果，中国差不多全军覆没，幸亏我们足球队能够保持长胜威名,为我国争回些少光彩。我在那两次剧战之内，也建了一点劳绩。菲队的野蛮踢法,却使我胆子增了许多。虽然后来讲起还要谈虎色变，但是无意中却改进了我唯一的短处，祛除了我胆怯的毛病，真是求之不得的。

远东闭幕了。我最新鲜的希望也就成了事实，我以为从此一定可以心满意足了。平地一声雷，忽然来了一位澳洲足球会的代表，他亲见南华球艺不弱，竟立意邀往澳邦比赛。那时我得此消息，虽然心中怦怦地动着，但是再三思维，觉得总是完全无望，所以当那位代表请我队茶会时我也很失意地避席。

南华会职员大会议解决应召了，一方面他们火速筹集必要的经费，一方面却设法敦请人才。他们觉得我在全队内占了很重要的一个位置，所以很坚决地代我向家庭斡旋，一而再再而三，费了许多唇舌，家父只是摇头不允；家母呢,更其把那班说客恨煞了。我父亲说生意须人助理，远东一月的光阴，可勉强过去，澳行非半年不可，哪里可以办得到，我还是捐助三两千元的费用罢。南华会的人们回答他，说我们捐款有着落，人才无处寻，假使令郎不去，那就扫兴极了。后来，临启碇的三日前，我父亲敌不过说客，竟勉强地应允了。那时的我，快乐到了不得，于是乎制备新衣采办用品，三日间忙个不了，食也不知味，睡觉更好像是无关重要一般。

铜鼓咚咚，我们跟着军乐队而出征了。别离滋味又再尝一遍了。我们在澳三月有余，连来回航程去了刚刚半载，我们游了不少的地方，受人家很热烈的欢迎。最紧要的，我们却无形中提高了中国的地位，改变了澳人对华的心理。我们这次外征，可算得非常的美满，而我个人呢，第一场竟获了表演最佳的金奖章。到完结后却得了善射将军的美誉。——（此行详情请阅拙作“足球”一书）那次征澳的经过，为了篇幅的关系，使我不能谈所欲谈。不过，我却有段小小的情史，现在还永远地留在脑海的。

那次事情的发现，可算是巧极了。我们在外赛球是背

如花似玉的澳女。

上缝着号码的，有一次到一处名叫乌龙江镇赛球，耳边常听见有很娇脆的声浪，唤着第九号努力呀的意思。（愧惭得很，我是第九）后来仔细跟着声浪追寻，原来一位如花似玉的澳洲小姐在那里天真烂漫地呐喊着助威，她为什么赏识我？我到底莫名其妙。球赛完了，我觉得非常奇特，那天晚上戏院院主请我们看戏，事有凑巧，那位小姐，却刚刚坐在我的前面。在看戏的时候，她常常回头对着我嫣然一笑。我更觉得奇特了，未经情场的我，不禁有点不可思议的感觉了。那天晚上，我睁开眼守着星儿，看它们一颗颗地消灭，翻来覆去总睡不着，睡魔总是战不过好奇心。第二天晚上，市长在市政厅开欢迎宴会了，在大雨滂沱的当儿我却被一位西人低声唤我出去，他说外边有一位女郎要见第九的球员呢！小鹿在心中乱跳而不自觉步出廊外的我，此时便和她见面了。我俩你看我我瞧你地歇了三四分钟，总找不出一句话来，后来还是她胆壮一点，跑前来和我握手（并非接吻，请内子不要吃醋）。她的言语打开了我的谈话箱了。她说她很想和我做朋友，并希望能时时鱼雁往来。谈话结果，大家交换了地址姓名便告别了，当夜越觉得难于入梦，天亮了，我们早车要他往了，多情的她，老早抱了一束鲜红的玫瑰花来，每位球友的襟上都由她插上了一朵。到了车站，我便和她拍了一张小照，汽笛一鸣，她有点很难过的情形给我看出了，她最后说如果有空，还要跑来雪梨埠探我一遭。

我以为这一出很短的情剧，从此便可闭幕了。但在她给我的云笺里头，常常表示她对我热烈的爱，我那时真不知如之何则可。两月过了之后，有一天我忽然接着她祖母的警告，她说她近来觉察所得，晓得她的孙女要和我谈爱，恐怕将来情根深种，不可自拔；异族结婚，又是一件难事，还是劝我及早断绝了她罢。我和领队莫君一度商权之后，为着息事宁人起见，竟和她断绝了书信。不过她还是依样葫芦地写信给我，一直到球事结束，我们在雪梨候舟待发那时，她竟违了她祖母的意旨乘火车来看我。我惊喜之下，一念及她祖母的警告，却又非常不安而发生恐怖。后来我索性坦白地对她表示，我说我们势不能谈到婚姻上去，我们还是做好朋友罢。我们朋友式的交往了一星期左右，返国的船要开了，她临别的时候，她哭泣至不能成声，叫我如果将来我生了女儿，勿忘记取她的乳名以为纪念（对不起我尚未有女孩）。于是那一段小小的情史，便告结束了。后来到了香港，家母来接船的时候，竟笑着叫我带她去见媳妇，她老人家说港中报纸也盛传我在澳洲结了婚，消息为什么能走许远的路，连我自己也不知道！

澳行完了之后，我本人关于球的自由，既完全达到了，我父母对我的心理，也完全变迁了。从前禁我拘束我，现在却奖我勉励我了。我十多年来的苦功，至今日始得着完满的安然。以前在萌芽的种子，现在开花了。不特关于球事得着家庭的拥护和信仰，就是生意方面，我父亲也觉得我是可靠，把所有全权委托我，我那时方真正地感觉到以前的备尝艰苦是很值得的。

一九二四年南华破天荒得了全港的中西冠军，我那时当然是队中柱石之一。翌年，第七届远东又在小吕宋举行，我那时自由躯体，却任我的神经所驱使，赴会的手续，不必像前此般麻烦了。远东得胜了回来，却逢着五卅惨案发生，我们的生意，便大受其影响。

人生大问题解决了，我很满意地和内子到杭州去度蜜月。我们的计划，因为我的家庭是太于挤拥，所以预备另组小家庭，好在我的小弟们也能帮忙父亲，考虑很多之后，我们便在沪上寻生活了。

现在我是小家庭的主人，虽然责任比从前来得重些，但能够自立是人生快事，那时的自由，既达极点了，我得着余君衡之的介绍参入了乐群的战阵中。虽然踢来不似在港兴味来得浓厚，但是能够依旧有球的生活而不至于抛荒，我便心满意足了。我初来海上，关于华人足球的程度，

我俩就到西湖度蜜月去。

却起了很大的感触，我觉得这里的足球须改进处尚多，关于足球的真义，尚未十分了解，所以我便觉得我自己在上海足球界方面，也应该负一点责任。

关于以后我在上海的足球工作，大概各界也晓得多少罢，为免重赘和占篇幅起见，我还是用日记式的把五年来球界的事简单述出吧？（详情见拙作《足球》）

一九二五年，乐群在中华足球会得了甲组冠军以后，一九二六年便组织了乐华。不过乐华除了在中华会内得夺锦标外，在联会内尚未露头角。一九二七年华队第二次征澳，我是担任接洽球员的工作。那次的成绩也不弱。最足以告慰的，便是接洽经济管理种种，都是国人自办，脱离了倚赖外人的恶习。澳行返沪后，乐华首次加入总会，结果一九二八年的三项锦标，我队得其二，开国内球界之新纪元。乐华的威名，远播四海了。那年仲夏，小吕宋林君闻名敦请，去了一月，博得盛誉而归。那年秋末，我便从事编那本《足球》了。一九二九年我们仍旧加入，到了临末的时候，棒球场不幸事发生，我们忍痛退出。否则三大锦标，似乎有全夺的希望。孟夏，我们拔队南征，在南洋群岛爪哇一带，冒暑表演，极得各界人士的赞许，关于这次的详细的经过，我预备有空编一本《南征纪实》。

本年度我们在总会起初的趋势也极乐观，大有全得冠军的可能。哪知分区赛后元气大伤，队友多病，不幸地把半年的苦功糟蹋了。现在我们最后的希望，是在史高塔杯和葛国杯里加意努力。——以上所说的便是事实的暂时止境了。

我组织了小家庭之后，现在做了三个孩子的父亲，我虽然很热心地从小训练他们，但我决不相信他们日后能有我的成绩。因为我觉得什么事的佳果，都是从苦中得来。我现在很细心地来训练他们，他们却不大注意，天性如此，不可强为，看将来他们的嗜好怎样罢。

很多人说，上海足球程度的提高和发达，不能不归功于我。这里论调，我却不十分赞同，我感觉到我的工作是自然的，是乐意的，是不可遏止的，我得着身心的愉快，我便十二分的满意。这种匹夫之责，不但是我，而且也是凡为国民者所应尽的义务，我更感觉到我在上海足球界内的生活，是比较在港时来得舒畅安乐。因为上海球友们的

李惠堂的夫人和三个孩子。

和衷共济，是香港等处不可及的，有时我还听见有人带着滑稽口吻说凡是球员，结了婚后便差不多完了。这我倒要辩论一下，我可以证明我球艺是婚后比婚前好了加倍。我在足球界所得的荣誉和成绩，也是婚后比婚前来得多。我敢说结婚是无关系的，最要紧的是凡事能节制，能自己把持，能洁身自爱。据我自己忖度，除非有他种不幸事发生，否则我相信，还可和球场再作十年的好友！

我生就有一副乖僻的性格，是好孤静的，在人面前连话也不愿多讲，所以虽然有无数的人认得我，但我所识的朋友，确寥寥可数。我因为不善逢迎，不肯巴结。有钱和有势力的人，我真是识不上几个。因此很多不知我的怪脾气的人们，很容易发生误会，说我是眼角过高，说我是夜郎自大。其实我自问良心，断无半点骄傲的心理。我是最容易害羞的，当我在球场在车中或在路上给人们指着我瞧着我而甚至于评论我的时候，我便恨不能像土行孙般遁地解围了！

多数不明底细人们，以为我在足球界得了如许的盛誉，身价定必很高贵，关于足球种种的工作，一定不肯随便干的。他们以为我是因赛球而谋生的，以为我每次的报酬是很有可观。这种心理，却大谬而特谬了。我敢胆说一句，我为足球所牺牲的金钱和光阴，是比任何人来得多，而我所得的报酬，特质上除多少奖品以外便等于零。此外仅有精神上的快慰而已。所以很多知己对我说，如果我是生在美国或英国，现在已成富翁了。我有时失意起来也会出这种怨语，但是当我神志清爽的时候，便毫不芥蒂。我觉得我是很满意，觉得能在足球界内做点工作而留点佳种是我生平最引为荣幸的一桩事。贫富穷通，我是置之度外的。

也有很多局外的人，以为我是薄具微誉的体育界人物，一定很得人们的欢迎和济助。我敢说，我虽然很感谢国内外同胞或外人的优视我欢迎我，但济助一层，却不见得也不盼望如人所料。我几年来的环境，虽则非常恶劣而有使我灰心冷意的可能，但我不肯奉承的怪性，却令我永不乞人怜的。我所最感激的，便是谭竹声，李思廉，余衡之，柳均候，黄明道，林焕章，欧伟国，卢炜昌，梁早如，诸好友和我的情感是出于自动的，他们无论间接，或直接，都曾很义气地帮过我很多的忙，而使我永镌肺腑的。

末了，我自信我现在所经过的途程，不过是十分之几，我现在所站的地位，不过是山腰；人们虽说我是成功，但我却决不肯承认。我觉得我的未来工作尚多得很，更感觉成功二字是无止境，成功的归宿地是在不尽头的路最末尾处。

因此，我最近的希望是能率队周游各国，表现我国青年的新精神；远一步的志愿，是能在世界足球场内夺鳌头，使他人不敢轻视我国，使东方病夫之诮，得永消沉于深渊的最低处！

十九年季春中辫书于歇浦寓处

现代成功人自述之二·名画家徐悲鸿：悲鸿自述

本文作者徐悲鸿先生近影。

悲鸿生性拙劣，而爱画入骨髓。奔走四方，略窥门径，聊以自娱。乃资谋食。终愿学焉，非曰能之，而处境困厄，窘态之变化日殊。梁先生得所坚命述所阅历，辞之不获。伏思怀素有自叙之帖，卢梭传忏悔之文，皆抒胸臆，概生平，借其人格，遂有千古。悲鸿之愚，诚无足纪，惟昔日落拓之史，颇足用以壮今日穷途中同志者之志。吾乐吾道，尤患奚恤，不惮词费，追记如左。文辞之拙弗遑计已。

距太湖之西三十里，荆溪之北，有乡可五六十家。凭河两岸，一桥跨之，桥曰计亭，吾先人世居业农之所也。吾王父砚耕公，以洪杨之役，所居荡为灰烬。避难归来，几不能自给，力作十年，方得葺一椽为庐于桥之侧，以蔽风雨，而生先君。室虽陋，吾先君方自幸南山为屏，塘河为带，日月照临，霜雪盆景，渔樵为侣，鸡犬唱答，造化赋予之丰美无尽也。

先君讳达章，（清同治己巳生）生有异秉，穆然而敬，温然而和，观察精微，会心造物。虽居穷乡僻壤，又生寒苦之家，独喜描写所见，如鸡犬牛羊村树猫花。尤好写人物，自由父母姊妹（先君无兄弟）。至于邻佣乞丐，皆曲意刊划。纵其拟仿。时吾宜有名画师毕臣周者，先君幼时所雅慕，不谓日后其艺突过之也。先君无所师承，一宗造物，故其所作，鲜 Conrontion 而特多真气，守宋儒严范，取去不苟。性情恬淡，不慕功名，肆忘于山水之间，宴如也。耽咏吟，榜书雄古有力，亦精篆刻，超然自立于诸家以外。

先君为人至敦笃，慈祥恺悌，群遣子弟从学，习画问字者至多。有扬州蔡先生者，业医，能画，携子赁居吾家。其子曰邦庆，生于中日战败之年，属马。长吾一岁，终日嬉戏为吾童时伴，好涂抹。吾时受先君严督读书，深羡其自由作画也。

吾六岁习读，日数行如常儿。七岁执笔学书，便思学画，请诸先君，不可。及读卞庄子之勇，问卞庄子何勇。先君曰卞庄子刺虎，夫子是以称之。欲穷虎伏，不得，乃潜以方纸求蔡先生作一虎，归而描之。久为先君搜得吾所描虎。问曰，是何物。吾曰，虎也。先君曰，狗耳，焉云虎者。卒曰，汝宜勤读，俟读完《左传》，乃学画矣。余默然。

九岁既毕四子书，及《诗》《书》《易》《礼》，乃及《左氏传》。先君乃命午饭后日摹吴友如界画人物一幅，渐习设色。十岁先君所作，恒遣吾敷无关重要处之色。及年关，又为乡人写春联。如时和世泰，人寿年丰者。

余生一年而丧祖母，六年而丧大父，先君悲戚直终其身。余年十三四，吾乡连大水，入齿日繁，家益窘。先君遂奔走江湖，余亦始为落拓生涯。

时强盗牌卷烟中，有动物片，辄喜罗聘藏之。又得东洋博物标本，乃渐识猛兽真形。心摹手追，怡然自乐。年十七，始游上海。欲习西画，未得其途，数月而归，为教授图画于和桥之彭城中学。

方吾年十三四时。乡之富人皆遣子弟入学校，余慕之。有周先生者，劝吾父命遣入学校尤笃。先君以力之不继为言。周先生曰，画师乃吃空心饭心。乌足持。顾此时实无奈，仅得埋首读死书，谋食江湖。

年十九，先君去世。家无担石，弟妹众多，负债累累，念食指之浩繁，纵毁身其何济。爰就近彭城中学、女子学校及宜兴女子学校三校图画教授。心烦意乱，景迫神伤，遑遑焉逐韶华之逝。更无暇念及前途。览爱父之遗容，只有啜泣。

时落落未与人交游。而女子学校国文教授张先生祖芬者，独蒙青视，顾亦无杯酒之欢。年余，终觉碌碌为教，无复生趣。乃思以工游沪，而学而食。辞张先生，先生手韩文全函，殷勤道珍重。曰，吾等为瞻家计，以舌耕升斗，至老死，亦既定矣。君盛年英锐，岂宜居此。曩察君负荷綦重，不能勖君行，而乱君意。今君毅然去，他日所跻，正未可量也。又曰，人不可无傲骨，但不可有傲气。愿受鄙言，敬与君别。呜呼张君者，悲鸿入世第一次所遇之知己也。

友人徐君子明者，时教授于吴淞中国公学，习闽人李登辉，挟余画叩李求一小职，李允为力。徐因招赴沪，为介绍。既相见，李大诧吾年青。私谓子明，若人者，孩子耳，何能做事。子明曰，人负才艺，讵问其年。且人原不甘其境，思谋工以继其读，君何慊焉。李乃无言。徐君是年暑期后，赴北京大学教授职。吾数函叩李，终无答。顾李君纳吾画，初未尝置意，信乎慷慨之士也。

吾于是流落于沪。秋风起，继以淫雨连日，苦寒而粮垂绝。黄君警顽，令余坐于商务印书馆，日读说部杂记排闷，而忧日深，一时资罄，乃脱布挂赴典质，得四百文，略足支三日之饥。一日，得徐君书，为介绍恽君铁樵。恽君时主商务书馆《小说月报》。因赴宝山路访之。恽留吾画，为吾游扬于其中有力者，求一月二三十金小事。属守一二日，以俟佳音。时届国庆，吾失业已三月。天雨，吾以排日，不持洋伞，冒雨往探消息。恽君曰，事谐，不日可迁居于此，食于此，所费殊省。君夜间习德文，亦大佳事。吾为君庆矣。余喜极。归至梁溪旅馆，作数书告友人获业。讵书甫发，而恽君急足至，手一纸包。亟启视，则道所谋绝望。附一常州人荘俞者致恽君一批札，谓某之画不合而用，请退还。尔时神经颤震，愤怒悲哀，念欲自杀。继思水穷山尽，而能自拔，方不为懦。遂腼颜向一不应启齿，言通财之友人告贷，以济燃眉之急。故乡法先生德生者，为集一会，征数十金助余。乃归和桥携此款，将作北京之行，以依故旧。于是偕唐君者，仍赴沪居逆旅候船。又作一画报史君。盖法君之友助吾者也。为装匡。将托唐君携归致之。唐君者，设茧行，时初冬，来沪接洽丝商，谋翌年收茧事。而商于吴兴黄先生震之。黄先生来访，适值唐出。余在检行装，盖定翌日午后行矣。黄先生有烟癖，乃卧吸烟，而守唐君返。对墙寓吾所赠史君画，亟称赏。询余道此画之佳，余唯唯。又询知为何人作否。余言实系拙作。黄肃然起敬。谓察君少年，乃负绝技，肯割爱否。余言此画已赠人。黄因请另作一幅赠史。余乃言明日行。黄先生问何往。曰去北京。问何谋。余言固无目的，特不愿居此，欲一见宫阙耳。黄先生言此时北方已雪，君之所御，且无以却寒，留此徐图良策何如。余不可。因默然。无何。唐君归。余因出购零星。入夜，唐君归，述黄先生意，拟为介绍诸朋侪，以绘画事相委，不难生活。又言黄君巨商，广交游，当能为君助。余感其意，因止北行。时有暇余总会者，赌窟也。位于今新世界地，有一小室，黄先生烟室也。赌自四五时起，每彻夜。黄先生午后来，赌倦而吸烟，十一时许，乃归。吾则据其烟室睡，自晨至午后三时，据一隅作画。赌者至，余乃出，就一夜馆读法文，或赴审美书馆观画。食则与群博者俱。盖黄君与设总会者极稔，余故得其惠，馔之丰，无与比。

伏腊，总会中粪除殆遍，积极准备新年大赌。余乃迁出，之西门，就黄君警顽同居。而是年黄震之先生大失败，余又茕茕无所告，乃谋诸高君奇峰。初，吾慕高剑父兄弟，乃以画马质剑父。大称赏，投书于吾，谓虽古之韩干，无以过也。而以小作在其处出版，实少年人最快意之举。因得与其昆季相稔。至是境迫，因告之奇峰。奇峰命作美人四幅。余亟归构思。时桃符万户，锣鼓喧天。方度年关，人有喜色。余赴震旦入学之试而归，知已录取。计四作之竟，可一星期。高君倘有所报，则得安读矣。顾囊中仅存小洋两毫，乃于清晨买蒸饭一团食之，直工作至日入。及第五日而粮绝，终不能向警顽告贷，知其穷也。遂不食，画适竟，乃亟往棋盘街审美书馆觅奇峰。会天雪，腹中饥倍觉风冷。至肆中人言今日天雪，奇峰未来。余询明日当来否。肆人言明日星期，彼例不来。余嗒然不知所可，遂以画托留致奇峰而归，信乎其凄苦也。

入学须纳费，费将何出，腹馁亦不能再支。因访阮君翟光。既见，余直告欲借二十金。又知君非富有，而事实急。阮君曰可。顿觉温饱，遂与畅谈。又欲索观近作，留与同食，归睡亦安。明日入学，缴学费。时震旦学院院长法人恩理教士，欲新生一一见。召黄扶。吾因入。询吾学历。怅触往事，不觉悲从中来，泪下如雨，不能置一辞。

徐达章先生自写像，下坐者即悲鸿，时十一岁。

恩理叨士见吾丧服，询服何人之丧。余曰父丧，泪益不止。恩理再问。不能答。恩理因温言劝弗恸。汝宿费不足，但可缓纳。勤学耳，自可忘所悲。

吾因真得读矣。顾吾志只在法文，他非所措意也。既居校，乃据窗而居。于星期四下午，仍捉笔作画。乃得一书，审为奇峰笔迹，乃大喜。启称视则誉于吾画外，并告以报吾五十金，遂急舍笔出，又赴阮君处偿所负。阮又集数友令吾课画。月有所入，益以笔墨，略无后顾之忧矣。吾同室之学友，为宋君国宾。最勤学，今日负盛誉。当年固早卜之矣。但是时宋君体弱，名医恒先为病夫，亦奇事也。是年三月，哈同花园征人写仓颉像。余亦以一幅往。不数日，周君剑云以姬觉弥君之命，邀偕往哈同花园晤姬，既相见甚道其推重之意。欲吾居于园中，为之作画。余言求学之急，如蒙不弃，拟暑期内迁于此，当为先生作两月

悲鸿十一岁像。

之画。姬君欣然诺。并言此后可随时来此。忽忽数月。烈日蒸腾，余再蒙恩理教士慰勉。乃以行李就哈同之居。可一星期，写成一大仓颉象。姬君时来谈。既而曰，君来此，工作无间晨夕，盛暑而君劬劳如此，心滋不安。且不知将何以酬君者。余曰笔敷文采，吾之业也。初未尝觉其劳。吾居沪，隐匿姓名，以艺自给，为苦学生。初亦未尝向人求助，比蒙青睐，益知奋勉。顾吾欲以艺见重于君，非冀区区之报。君观吾学于教会学校者，讵将为他日计利而易吾业耶。果尔，则吾之营营为无谓。吾固冀遇有机缘，将学于法国，而探索艺之津源。若先生所以称誉者，只吾过程中借达吾愿学焉者之具而已。若不自量，以先生之誉而遂自信。悲鸿之愚，诚自知其非也。果蒙先生见知，于欧

远闻 徐悲鸿作。

“远闻”一画为徐氏一九二七年留居巴黎时所作。图中徐夫人展读远方友人来信，背景为欧妇阅报。当年正值中国北伐大战，华侨思念祖国最切之时。徐氏运用其纯熟沉着之笔，雅俗共赏之色调，写出远邦寄旅者之心情。

战止时，令吾赴法，加以资助。而冀他日万一之成，悲鸿没齿，不忘先生之惠。若居此两月间之工作，悲鸿以贫困之人，得枕席名园，闻鸟鸣，看花放。更有仆役，为给寝食者。其为酬报，固已多矣，敢存奢望乎。姬君曰，君之志，殊可敬。弟不敏，敢力谋以从君愿。顾君日用所需色纸之费，亦必当有所出。此后君果有所需，迳向帐房中索之，勿事客气。姬君者，芒砀间人，有豪气，自是相得甚欢，交谊几若兄弟。时姬君方设仓圣明智大学，又设广仓学会，邀名流宿学，如王国维邹安等，出资向日本刊印会中著述。今日坊间，尚有此类稽古之作。又集合上海收藏家，如李平书，哈少甫等，时以书画金石在园中展览。外间不察，以为哈同雅好斯文。致有维扬人某者，以今日有正书局所印之陈希夷联开张天岸马，奇逸人中龙，向之求售。此时尚无曾髯大跋觉更仙姿出世，逸气逼人。索价两千金。此联信乎书中大奇，人间剧迹。若问哈同，虽索彼两金求易，亦弗欲也。吾见此，惊喜欲舞，尽三小时之力，双钩一过而还之。

此时姬为介绍诗人廉湖南先生，及南海康先生。南海先生，雍容阔达，率直敏锐，老杜所谓真气惊户牖者。乍见之觉其不凡。谈锋既启，如倒倾三峡之水。而其奖掖后进，实具热肠。余乃执弟子礼居门下，得纵观其所藏。如书画碑版之属，殊有佳者，相与论画，尤具卓见。如其卑薄四王，推崇宋法。务精深华妙，不尚士大夫浅率平易之作，信乎世界归来论调。南海命写其亡姬何旃理象，及其全家。并介绍其过从最密诸友，如瞿子玖沈寐叟等诸先生。

吾因学书，若经石峪、爨龙颜、张猛龙、石门铭等名碑。皆数过。

曹君铁生者，江阴人。健谈，任侠，为人自喜。在溧阳，与吾友善。长吾廿岁，蒙赠欧洲画片多种。曹号无棒。余询其旨。曰穷人无棒被狗欺也，其肮脏多类此。一日，哈校中少一舍监。吾以曹君荐既延入。讵哈校组织特殊，禁生徒与家族来往，校医亦不善，学生苦之。而曹君心滋愤。一日，曹君因例假出，夜大醉归。适遇余与姬君等谈。曹指姬君大骂，历数学校误害人子弟。姬君泰然，言曹先生醉，令数人扶之往校。余大窘。是夜，姬君左右即以曹行李出。余只得资曹君行汉皋。顾姬君后此相视，初未易其态度，其量亦不可及也。

岁丁已，欧战未已，姬君资吾千六百金游日本。既抵东京，乃镇日觅藏画处观览。顿觉日本作家，渐能脱去拘守积习，而会心于造物。务为博丽繁郁之境，故花鸟尤擅胜场。盖欲追踪徐黄赵易。而夺吾席矣，是沈南苹之功也。惟华而薄，实而少韻。太求夺目，无蕴借朴茂之风。是时寺崎广业尚在。颇爱其作，而未见其人也。识中村不折，彼因托以所译南海《广艺舟双辑》，更名曰《汉魏书道论》者致南海。

六月而归。复辟之乱已平。吾因走北京，识诗人罗瘿公林畏庐樊樊山易实甫等诸名士。即以蔡孑民先生之邀，为北京大学画法研究会导师。识陈师曾，时师曾正进步时也。瘿公好与诸伶人狭，因尽识都中名伶。又以杨穆生之发现，瘿公出程玉霜于水火。罗夫人梁佩珊最贤，与碧微相善。初见瘿公之汲引艳秋，颇心韪之。而瘿公为人彻底，至罄其所有以复艳秋之自由，并为绸缪未来地位，几倾其蓄。夫人乃大怒反目，诉于南海。翌年冬，瘿公至沪谒南海，遭大骂。至为梅兰芳求书不敢启齿，顾南海亦未尝不直瘿公所为也。

吾居日本，尽以资购书及印刷品。抵都又贫甚，与华林赁方巾巷一椽而居。既滞留，又有小职北京大学。礼不能向人告贷，是时显者甚多相识，顾皆不知吾有升斗之忧也。

识侗五刘三沈尹默马叔平诸君。李石曾先生初创中法事业。先设孔德学校，余与碧微皆被邀尽义务。时长是校者，为蔡孑民故夫人黄夫人。

既居京师观古宫，及私家所藏。交当时名彦，益增求学之渴念。时蜀人傅增湘先生沅叔长教育。余以瘿公介绍谒之部中。其人恂恂儒者，无官场交际之伪，余道所愿。

六朝人诗意 徐悲鸿笔。

傅先生言，闻先生善画，盍令观一二大作。余于翌日挟所作以付教部阍人。越数日复见之，颇蒙青视。言此时惜欧战未平，先生可少待，有机缘必不遗先生。余谢之出，心略平。惟默祝天祐法国，此战勿败而已。黄尘障天，日渐炎热。所居湫隘。北京有微虫白蛉子者，有毒，灰色。吮人血，作奇痒。余苦不堪。石曾先生因令居西山碧云寺。其地层台高耸，古栝参天，清泉寒洌，巨松盘郁。俯视尘土秽恶之北京，不啻地狱之于上界。既抵，而与顾梦余邻。顾此时病肺，步履且艰，镇日卧曝日中，殆不移动。吾去年归，乃知起为共产党巨头，心大奇之。

旋闻教育部派遣赴欧留学生，仅朱家骅刘半农两人。余乃函责傅沅叔食言，语甚尖利。意既无望，詈之泄愤而已。而中心滋戚，盖又绝望。数月复见瘿公。公言沅叔殊怒余之无状。余曰彼既不重视，固不必当日甘言饵我。因此语出诸寻常应酬，他固不计较，傅读书人，何用敷衍。讵十一年十一月，欧战停。消息传来，欢腾大地。而段内阁不倒，傅长教育屹然，无法转圜。幸蔡先生为致函傅先生。先生答曰可。余往谢。既相见，觉局促无以自容。而傅先生恂恂然如常态不介意，惟表示不失信而已。余飘零十载，转走千里。求学之难，难至如此。吾于黄震之傅沅叔两先生，皆终身感戴其德不忘者也。

欧战将终，旅华欧人皆欲西归一视。于是船位以预定先后之次第，在六月之间已无位置。幸华法教育会之勤工俭学会，赁日本之伦敦货船下层全部，载八十九人往。余与碧微在沪加入。顾前途之希望焕烂，此惊涛骇浪，恶食陋居，初未措诸怀。行次，以抵非洲西中海岸之波赛为最乐。以自新加坡行至此，凡三星期未见地面。而觉欧洲又在咫尽间也。时当吾华三月。登岸寻览，地产大橘，略如广州蜜橘与橙合种，而硕大尤过之。大几如碗，甘美无伦。乐极，尽以余资购食之。继行三日，过西班牙南鄙，英炮台奇勃腊答峡。乍见欧土，热狂万端。遂入大西洋，于将及英伦之前一日，各整备行装。割须理发，拭鞋帽，平衣服，喜形于面。有青者，如初苏之树。其歌者，声益扬。倭之侍奉，此日良殷，以江瑶柱炒鸡鸭蛋饷众。于是饭乃不足。侍者道歉，人亦不计。又各搜所有资，悉付之为酬劳。食毕起立舢板，西望郁郁葱葱者，盖英之南境矣。一行五十日，不觉春深，微雨和风，令忘离索。

抵伦敦，欢天喜地之情，难以毕述。余所探索，将以此为开始。陈君通伯，即伴游大英博物院，遂沉醉赞叹颠倒迷离于班尔堆侬残刊之前。呜呼，曷不令吾渐得见此，而使吾此时惊恐无地耶。遂观国家画院，欣赏范拉司该康斯推勃吞纳等杰构及其皇家画会展览会，得见散而劲西姆史等佳作。

留一星期。于一千九百十九年五月十日而抵巴黎。汽车经凯旋门左近，及公各而特广场。大宫小宫等，似曾相识。对之如醉如痴，不知所可。舍馆既定，即往鲁勿尔博物院顶礼。大失所望，其中重要诸室，悉闭置。盖其著名杰作，悉在战时运往薄而陀城安放，备有万一之失，而尚未运回也。惟辟一室，纳费音栖作微笑之嚼公特、拉飞罗之美园妇、圣母等十余幅，以止游客之啖而已。惟达维之室未动，因得纵览。觉其纯正严重，笃守典型，殊堪崇尚。时 Calolus Durand 初逝吕克桑埠博物院，特为开追悼展览会。悉陈其作，凡数百幅，殊易人也。乃观萨龙，得见薄奈罗郎史达仰弗拉孟倍难尔莱而弥忒高而蒙等诸前辈作物。其人今悉次第物故矣。

吾居国内，以画谋生，非遂能画也。且时作中国画，体物不精。而手放轶，动不中绳，如无缰之马，难以控制。于是悉心研究观古人所作，绝不作画者数月。然后渐渐习描。入徐梁画院，初甚困。两月余，手方就范。遂往试巴黎美术学校。录取后，乃以弗拉孟先生为师。是时识梁启超蒋百里杨仲子谢寿康刘厚。各博物院渐复旧游观。吾课余辄往，研求各派之异同，与各家之精诣。爱 Titian 帝襄之富丽，及李倍拉之坚卓。于近人则好孤而倍，薄奈、罗郎史。虽夏凡纳之大，斯时尚不识也。时学费不足，节用甚。而罗致印刷物，翻览比较为乐。因于欧陆作家，类能举指。

一千九百二十年之初冬。法名雕家 Dampt 唐泼忒先生夫妇，招往茶会。座中俱一时先辈硕彦。而唐夫人则为吾介绍达仰先生，曰，此吾法国最大画师也。又安茫象先生。吾时不好安画，因就达仰先生谈。达仰先生，身如中人，目光精锐，辞令高雅，态度安详。引掖后进，诲人不倦。负艺界重望，而绝无骄矜之容。吾请游其门。先生曰甚善。因与吾六十五号 Chezy 其画室地址，命吾星期日晨往。吾于是每星期持所作就教于先生，直及一千九百廿七年东归。吾至诚壹志，乃蒙帝祐，足跻大邦，获亲名师。念此身于吾爱父之外，宁有启导吾若先生者耶。

先生初见吾，诲之曰，吾年十七游谷洛（Corot 大风景画家）之门。谷洛曰 conscience 诚曰 confidence（自信）毋舍己徇人，吾终身服膺弗失。君既学于吾邦，宜以嘉言为赠。又询东人了解西方之艺如何。余惭无以应。只答以在东方不获见西方之艺。而在此者，类习法律政治，不甚留心美术。先生乃言，艺事至不易。勿慕时尚，毋甘小就。令吾于每一精究之课竟，默背一次，记其特征。然后再与对象相较，而正其差，则所得愈坚实矣。弗拉孟先生历史画名家，富于国家思想。其作流丽自然，不尚刻画，尤工写像。吾入校之始，即蒙青视。旋累命吾写油画，未之应。因此时殊穷，有所待也。时同学中有一罗马尼亚人菩拉达者，用色极佳，尤为弗拉孟先生重视。吾第一次作油绘人体，甚蒙称誉，继乃绝无进步。后在校竞试数次，虽列前茅，亦未得意，而因受寒成胃病。

1921 夏间，胃病甚剧，痛不支。而自是学费不至，乃赴德国居柏林，问学于康普（Kampf）先生。过从颇密，先生善薄奈先生。吾校之长也，年八十八，亦康普前辈。时德滥发纸币，币价日落。社会惶惶，仇视外人。盖外人之来，胥为讨便宜。固不知黄帝子孙，情形不同。而吾则因避难而至，尤不相同。顾不能求其谅解也。识宗白华、陈寅恪、俞大维诸君。时权德使事者，为张君季才。张夫人籍江阴，善碧微。张君伉俪性慈祥，甚重吾好学。又矜余病，乃得姜令吾日食之。又为介绍名医，吾苦渐减，其情至可感也。

既居德，乃得观门赤儿作。又见绥赣底尼作，及脱鲁倍斯可以之塑像。颇觉居法虽云见多识广，而尚囿也。又觉德人治艺，夸尚怪诞，少华贵雅逸之风。乃叩诸康普先生曰。先生为艺界耆宿，长柏林艺院，其无责乎。先生曰，彼自疯狂，吾其奈之何。实则其时若李倍而忙，若柯林脱等。亦以前辈资格，作荒率凌乱之画，以投机取利。康普之精卓雄劲，且不为人所喜。康普先生曰，人能善描，则绘时色自能如其处。其描为当世是善描者之一，秀劲坚强，卓然大家。其于绘，凝重宏丽，又阔大简练。其在特责斯屯之"同仇""铸工"。及柏林大学壁画，皆精卓绝伦。他作则略少秀气，盖最能表现日耳曼民族作风者也。

吾居德，作画日几十小时，寒暑无间，于描尤笃。所守不一，而不得其和，心窃忧之。时最爱伦勃郎画，乃往弗来特力博物院临摹其作。于其第二夫人像，尤致力焉。略有所得，顾不能应用之于己作。愈用功，而毫无进步，

三侠 徐悲鸿笔。

心滋惑。时德物价日随外币之价增高。美术印刷，尤为德人绝技。种类綦丰，亦尽量购之。及美术典籍，居室上下皆塞满。坐卧于其上，实吾生平最得意之秋也。吾性又嗜闻乐，观歌剧。恒与谢次彭偕，只择节目人选。因所耗固不巨也。时吾虽负债，虽贫困，而享用可拟王公。惟居室两椽，又为书画寒满，终属穷画师故态耳。

一日在一大画肆，见康普史吐克区个儿开赖等名作甚多，价合外金殊廉。野心勃勃，谋欲致之。而吾学费，积欠十余月，前途渺茫。负债已及千金，再欲举债，计将安出。时新任德使为魏宸组。曾蒙延食之雅，不揣冒昧，拟往德商之。惧其无济，又恐失机。中心忐忑辗转竟夜，不能成寐，终宵不合眼，生平第一次也。

翌日鼓起勇气至 Kurfürstendamm 中国使馆。余居散维尼广场之左，与之密迩步行往，叩见公使。魏使既出，余因道来意。盛称如何其画之佳妙，如何画者大名之著，其价如何之廉，请假资购下，以陈诸使署客堂。因敝居已无隙可置，特不愿失去机会，待吾学费一至，即偿。吾意欲坚其信，故以画质使馆当无我虞也。魏使唯唯，曰，将请蒋先生向银行查款。不知尚有余否，下午待回音如何。魏使所操为湖北语，最好官话也。

无奈更商之宗白华孟心如两君，及其他友好。为集腋成裘之策，卒致康普两作，他作则绝非力之所及矣。因致书国内如康南海等，谋四万金，而成一美术馆。盖美术品如雕刻绘画铜镌等物，此时廉于原值二十倍。当时果能成功，则抵今日百万之资。惜乎听我藐藐。而宗白华又非军阏，手无巨资相假也。

柏林之动物园，最利于美术家。猛兽之槛恒作半圆形，可三四面观。余性爱画狮。因值天气晴明，或上午无笵人时，辄往写之，积稿颇多。乃尊拔理，史皇，为艺人之杰。

一千九百二十二年，吾师弗腊孟先生逝世。旋薄奈先生亦逝。学府以倍难尔先生继长美校。倍延吕衷西蒙代弗腊孟。是年年底闻学费有着，乃亟整装。廿三年春初，复归巴黎。再谒达仰先生。述工作虽未懈，而进步毫无，及所疑惧。先生曰，人须有受苦习惯，非寻常处境为然，为学亦然。因述穆落脱（Aime Morot）法十九名画家，天才之敏，古今所稀，凭其禀赋，不难成大地最大艺师之一。但彼所诣，未足与费音栖米该郎罗拉飞罗帝切那等相提并论者，以其于艺未历苦境也。未历苦境之人，恒乏宏愿。最大之作家，多愿力最强之人，故能立至德，造大奇，为人类申诉。乃命吾精描，油绘人体，分部研究，务能体会其微，勿事爽利夺目之施。（国人所谓笔触）余谨受教，归遵其法。行之良有验，于是致力益勇。是年余以老妇一幅，陈于法国国家美术展览会（所谓萨龙）。学费又不继，境日益窘。乃赁居 Friedland 之六层一小室，利其值低也。顾其处为富人之区，各物较五区为贵。吾有时在美校工作，有时在蒙班捺司各画院自由作画，及速写。有时往鲁勿尔临画，归时恒购日用所需，如米油菜肉之类。劳顿甚，胃病又时作。

翌年春三月。忽一日傍晚大雨雹，欧洲所稀有也。吾与碧微方夜饭，谈欲谋向友人李璜借资。而窗顶霹雳之声大作。急起避，旋水滴下，继下如注，中心震恐。历一时方止。而玻璃碎片，乒乓下坠，不知所措。翌晨以告房主。房主言须赔偿。吾言此天灾何与我事。房主言不信可观合同。余急归取阅合同。则房屋之损毁，不问任何理由，其责皆在赁居者，昭然注明。嗟夫，时运不济，命途多乖，如吾此时所遭。信叹造化小儿之施术巧也。于是百面张罗。李君之资，如所期至，适足配补大玻璃十五片，仍未有济乎穷。巴黎赵总领事颂南，江苏宝山人，曾未谋面。一日蒙致书。（插图）并附五百方支票一只。雪中送炭，大旱霖雨，不是过也。因以感激之私，于是年七月为赵夫人写像。而吾抵欧洲五年以来勤奋之功，克告小成。吾学博杂，至是渐无成见。既好安葛尔之贵，又喜初伦之健。而已所作，欲因地制宜，遂无一致之体。前此之失，胥因太贪，如烹小鲜，既已红烧，便不当图其清蒸之味。若欲尽有，必致无味。吾于赵夫人像，乃始能于作画前决定一画之旨趣。力约色象。赴于所期。既成，遂得大和，有从容暇逸之乐。吾行年二十八矣，以驽骀之资，历困厄之境，学十余年不间，至是方得几微。回视昔作，皆能立于客观之点，而知其谬。此自智者，或悟道之早者视之，得之未尝或觉。若吾千虑之得，困乃知之者，自觉为一生之大关键也。

吾生与穷相终始，命也。未与幸福为缘，亦命也。事不胜记，记亦乏味。一九二五秋间，忽偕张君梅孙游巴黎画肆。是达仰先生之 Ophelia 爱其华妙，因思致之。会闽中黄孟圭先生倦游欲返。素与友善，因劝吾同赴新加坡。时又得蔡孑民先生介绍函两封，因决行。黄君故善坡巨商陈君嘉庚，及黄君天恩，遂为介绍作画，盖又江湖生活矣。陈君豪士，沈毅有为，投资教育与公益，以数百万计。因劝之建一美术馆，惜语言不通，而吾又艺浅，未能为陈君所重。比吾去新坡，陈君以二千五百金谢吾劳。

归国三月，南海先生老矣。为之写一像，又写黄先生震之像。以黄先生而识吴君仲熊。时国中西画颇较发展，而受法画商宣传影响，混沌殆不可救。春垂尽，仍去法。是年夏，偕谢次彭赴比京，居学校路。日间之博物院，临学而棠丰盛一图。傍晚返寓，寓沿街，时修水管，掘街地深四五尺，臭甚。行过此，须掩鼻。入夜又出，又归，则不甚觉其臭，明之试之亦然。因悟腹饥，则感觉强，既饱则冥然钝。然则古人云穷而工诗者，以此矣。吾人倘思有所作，又欲安居温饱，是矛盾律也。在比深好史拖白齿之作，惜不甚多，十月返法，是岁丙寅，吾作最多。且时有

悲鸿之师达仰先生自画像。

精诣。

吾学于欧凡八年，借官费为生。至是无形取消，计前后用国家五千余金，盖必所以谋报之者也。

丁卯之春，乃作意大利之游。先及瑞士，吾旧游地也。往拔尔观霍尔拔音，及培克林之作。霍作极精深。至区理雪观霍特来画，亦顽强，亦娴雅。易人处殊多，被称为雷音河左岸之印象派作者。其艺盖视貊耐勒奴幻辈高多多矣，彼其老练（conviction）经营之笔，非如勒奴幻之浮伪莫衷一是也。

夜抵米拉那。清晨即往谒落南费音栖耶稣像稿，观圣餐残图，令人低徊感慨无已。拜费音栖石像，遂及大教寺。竭群山之玉，造七百年而未竟之大奇也。

徘徊于拉飞罗雅典派稿，及雷尼圣母费音栖侧面女象之大者。两半日，而去天朗气清之岛城范尼史。既入海抵车站，下车即阻于河，遂沿河觅逆旅。一浴即参拜帝切那之圣母升天吾最尊崇者之一也。奈天雾，范古建筑，受光极弱，藏升天幅之教堂尤甚，览滋不畅。于是过里亚而笃桥。行至圣马可广场。噫嘻，其地无尘埃，无声响，不知有机械，不识轮之为物。周围数千丈之广场往来者，皆以足海鸥翔集。杖藜行歌，别有天地，非人间矣。乃登塔瞭望此二十万人家之水国。港议互回，桥梁横直，静寂如黄包车未发明时之苏州。其街头巷角小市所陈食用之属，亦鲜近世华妙光泽之器。其古朴直率之风，犹令人想见范乐耐，丁笃来笃之时也。

其美术院藏如裴理尼、丁笃来笃之杰作无论矣。吾尤爱帝爱波罗之壁饰横幅，长几十丈。惜从他处取下移置美术馆院时，不谨慎，多褶断损坏。帝之画，壁饰居多。人物动态，展扬飘逸，诚出世之仙姿。信乎十八世纪第一人也。古迹至多，舍公宫之范乐耐之范尼史城加冕外，教寺中尤多杰作。客班栖窝、老班而迈，帝爱波罗等作，触目皆是。念吾五千年文明大邦，惟余数万里荒烟蔓草。家无长物，室如悬磬，范尼史人以大奇用香烟熏黑。高垣扃闭，视之亦不甚惜。真令人羡煞，又恨煞也。

意近人之作。吾爱爱笃勒帝笃。又见西班牙大家索罗兰补蓬、英人勃郎群多种，皆前此愿见之物也。

美哉范尼史。吾愿死于斯土矣。

游薄罗涅，无甚趣味。至非伦辄，中意之名都。唐推奇欲笃及文艺复兴诸大师之故土。

吾游时，意兴不佳。惟见米该郎榻罗之达维巨刊及未竟之四奴，则神往。余虽极负盛名之鸟非栖宫，砒帝宫。

吾所恋者尚在希腊雕刻也。负蒙堆捏薄底千里多矣。购一摩色画其工甚精，惜其稿不佳。吾意倘能以吾国宋人花鸟作范，或以英人勃郎群画作范，皆能成妙品。彼等未思及此也。一桌面之精者，当时只合华金五百元耳。游罗马，信乎吾理想中之都市矣。Forum 之坏殿颓垣，何易入之深耶。行于其中，如置身二十年之前。走过市，目不暇接。至国家美术院及 Captole 如他乡之遇故知，倾吐思慕之殷且笃者。尤于无首臂之 Ciréné 女神，为所蛊惑，不能自已。新兴之意大利，于阐发古物，不遗余力。有无数残刊，皆新出土，昔所未及知也。既抵圣保禄寺，入教皇之境，美术之威力益见其宏大。遂欲言清都紫微，钧天广乐，帝之所居。于是浏览亘数里埃及以来名雕。及于西司丁耐寺，览米该郎榻罗，毕身之工作。又如腊飞罗，薄底千里，庄整之壁画。无论其美妙至若何程度，即其面积，亦当以里计。以视吾国咬文嚼字者，掇拾两笔元明人唾余之残墨，以为山水，信乎不成体统，又有尊之而谤詈西画者。其坐井观天，随意瞎说，亦大可哀矣。第三日乃参谒摩善（Moise）大雄外腓。真气远出，信乎世界之大奇也。游国家美术院，多陈近世美术。得见避世笃而非椎鉴，高雅曼妙，尤以绥赣低佽墓人，为沉深雅逸之作。以视法负盛名之步追尔，超迈盖远过之。又见萨多略之两巨帧证其缥缈壮健敏锐之思与德之史土克，异趣，蔡内理，教授为爱迈虞像刻浮雕数丈。虚和灵妙，亦今日之杰。皆非东人所知。东人所知，仅法人所弃之鄙夫。自知商人操术之精，而盲从者之瞶瞶也。

既及邦卑古城而返法。恋恋不妨遽去。而又无法多留几日也。

境垂绝。只有东归。遂走辞达仰先生。先生卧病。吾觉此往殆永别。中心酸楚，惧长者不怿。强为言笑，而不知所措辞。惟言今年法国艺人会（所谓萨龙）。征人每幅陈列费八十法郎，是牟利矣。先生喟然长叹曰，然。余曰，余今年送往国家美术会，凡陈九幅。先生曰，亦佳。顾耗精力以求悦于众，古之大师所不为也。余赧然。先生曰，闻汝又欲东归，吾滋戚。愿汝始终不懈，成一大中国人也。余因请览画室中先生未竟之作。先生曰可。余之苟有机缘。

当再来法国。先生又勉勖数语。遂与长辞。先生去年七月三日逝世，年七十八。

余居法，凡与达仰先生稔者，皆得为友。如Muenier，Amic, Worth, 等俱卓绝之人也，所谈多关掌故，故星期日之晨甚乐。今惟Muenier存矣。倍难尔(Bernard)先生，一世之杰也，曾誉吾于达仰先生。今年已八十余，不识尚能相见否。吾营若丧家之狗，魂梦日往复于安尔泼山南北之间，感逝情伤，依依无尽也。

吾归也。于艺欲为求真之运动，唱智之艺术。un art savant思以写实主义启其端，而抨击投机之商人牟利主义

群乐 徐悲鸿笔。

（mercantile）。如资章黼而适诸越，无何等影响。不若流行者之流行顺适，吾亦终无悔也。吾言中国四王式之山水属于（形式）conventional 美术，无真感。石涛八大有奇情而已，未能应造物之变。其似健笔纵横者，荒率也，并非（真率）franchise。人亦不解。惟骛形式，特舍旧型而模新型而已。夫既他人之型，新旧又何所别。人之贵，贵独立耳。不解也。中国之天才为懒，故尚无为之治。学则贵生而知之者，而喜守一劳永逸之型。

中国画师，吾最尊者，为周文矩，吴道玄，徐熙，赵昌，赵孟頫，钱舜举，周东邨、（以其作北溟图鄙意认为大奇他作未能称是）仇十洲、陈老莲、恽南田、任伯年，诸人书则尊锺繇、王羲之、羊欣、爨道庆、王远、郑道昭、李邕、颜真卿、怀素、范的、八大山人、王觉斯、邓石如。

吾欲设一法大雕刊家骆荡（Rodin）博物院于中国。取庚款一部分购买其作，以娱国人。亦未尝有回响，盖求诸人者，固难以逞。吾求诸已者，欲精意成画百十幅，亦以心烦虑乱，境迫地窄，无以伸其志。虽吾所聚，及已往之作，亦将为风雨虫鼠伤啮尽。念道旁有饿死之莩，吾诚不当责人以不急之务，而于已。又似不必亟亟作此不经摧毁之物，以徒耗精力也。而又无已。

吾性最好希腊美术，尤心醉 Parthenon 班而堆侬残刊。故欲以惝恍之 Phidias 飞弟亚史为上帝，以附其名之遗作，皆有至德也。是曰大奇（merveille）。至善尽美。若 Scopas 史各班史、Lissip 李西泼、Praxitèles 泼腊克西戴尔，又如四百年来 Leonardo da Vinci 落南费音栖、Michellangelo 米该郎楫罗、Raffaello 腊飞罗、Tiziano 帝切那、Rembrandt 伦勃郎、Velázquez 范拉司该、Rubens 鲁笨司。近人如 Constable 康史堆勃、Rude 吕特、Puvis de Chavannes 夏凡纳、Rodin 骆荡、Dagnan 达仰、Zorn 初伦、Sorolla 索罗兰，并世如 Bernard 倍难尔、Bislofi 避世笃而非、Brangwyn 勃郎群皆具一德造极诣为吾所尊其德之至者。若华贵，若静穆，再则若壮丽，若雄强，若沉郁。至于淡逸冲和，清微曼妙，皆以其精灵体察造物之妙。而宣其情，不能外于象与色也。不准一德，才亦难期。大奇之出，恒如其遇。而圣人亦卒无全能，故万物无全用。虽天地亦无全功，吾国古哲所云尊德性、崇文学、致广大、尽精微、极高明。道中庸者，其百世艺人之准则乎。

若乃同情之爱，及于庶物。人类无怨，以跻大同。或瞎七答八，以求至美。或不立语言，以喻大道。凡所谓无声无臭，色即是空者，固非吾缥缈之思之所寄。抑吾之愚，亦解不及此。苟西班牙之末于斯干葡萄，能更巨结四两之实。或广东之荔枝，可以植于北平西山。或汤山温泉，得从南京获穴。或传形无线电，可以起视古人。或真有平面麻之粉。或发明白黑人之膏。或痨虫可以杀尽。或辟榖之有方。或老鼠可供驱使。或蚊蝇有益卫生。或遗矢永无臭气。或过目便可不忘。此世乃大足乐。而吾愿亦毕矣。

现代成功人自述其三·六十年之回顾
著述家　邝富灼述

余家世业农，居粤省台山县一小村，村距县城十余里，同村仅十家，俱邝其姓。余以一八六九年（同治八年）生于是，行二，上有一兄，下有一弟二妹。幼时，家况清苦，余父不善治生，益以食口既繁，薄田数亩，殊不足供温饱。恒以甘薯代饭，终岁衣褐跣足，惟新岁始获著履耳。余甫能步，即须助作佃工，牧牛挈水，终日孜孜不已。余八岁入村塾，肄业四年，毕四书，五经亦习一二，顾日后则遗忘殆尽矣。记在塾时，师甚严厉，学生不成诵者，以朱涂面示罚，余罹此刑，不止一次也。又忆一日，师以事他往，嘱吾辈静坐念书，吾辈待其去后，即喧哗游戏恣意耍乐。不意师忽回，睹吾辈状，大怒，遍挞吾侪。在塾之事，今尚能历历记忆者，以此为著。

余度半农半读之岁月，忽忽至十二龄。余父以乡间务农，终非为余展足之地，且习见乡人之往美国工作者，辄囊赀而归，颇思遣余渡美。会有邻人自彼邦返，而拟重往者，余父谋以余托之，得其许诺，余亦喜有此壮行。于是余父为余假得资斧后，余遂于一八八一年（光绪七年）冬季，偕同行者十六人，离别乡井，向香港出发。临行时，祖母尚健在，祖母倚闾嘱以慎择良友一语，言犹在耳。惟余自美返时，二老已不可复见矣。

自余家至香港，今只需二十四小时，当时则需五日之久。海中遇风，船颠簸不已，余等皆大窘，既抵香港，始

邝富灼氏之近影。

悉年内无船开行，同人因废然作回家度岁计，新正始再往港。小住数天，同行中有一童子，年与余相若，同人俱外出。吾与童子，特以年幼奉命留店中。待诸长者去后，吾二人亦潜出游睹。余少见世面，即本邑县城亦罕至，今骤见香港之繁盛，惊奇不已。终日走览，不觉倦乏，见西妇衣长裙，雪白之脸，蔽以黑纱，深以为异。又在市中，见摊上售物如糖，购而食之，方悟为西人所用之酵团。寻又见零售劈橘，每片取价一文，余衣袋适有一钱，乃掷诸摊上，取橘一片，置入口中。迨摊主执钱细视，曰，此铅钱耳。余大窘，幸同行之童，为余代出其值，始得解围。当日之村鲁情形，今日回想，犹不禁哑然失笑也。

余等居港数日，旋乘一邮船名“中国”者，首途赴美，舟中乘客甚多，几无隙地。缘美政府已通过，禁止华工入口之例，数月后便实行。故在此数月内，华工之拟入境者，争先恐后，邮船每渡赴美，无不满载而往。余在舟中，见乘客与余年龄相若者甚多，皆携有篮箧，实以家人所赠之果饵。余以家贫独缺，见他人食，不禁垂涎。加以途中遭风，浪如山立，昏晕不快，饭不能下咽，益觉果饵之可口。同行者见余馋状，乃以少许馈余。又有一人授余英语。船抵三藩市（俗称金山大埠），同行长者，示余坐行李货车之顶，往中国市（此为金山埠华人聚居之街）。余初见街上电车往来，心大奇之时美人之不肖者，见华工联贯入，竟持洋葱向余辈投掷，此等侮辱，即为余登新大陆，所受之欢迎也。

当时市政府见华人纷至沓来，而法令又未便施行，为消极之抵制计，乃下令限制每家往户，不得超过一定人数，违者处罚。余因此不敢明居室中，匿于地室数日，其后余转往撒加缅度 sacraments(粤人称之曰二埠以其繁盛及华侨之多仅亚于金山也)，投吾叔。吾叔业菜贩，为我介绍，入一美人家当执爨之役，每星期得工值金币一元。是家待余甚优渥，主人有一子，与余尤相得，常以十钱银币赠余，由是余始事贮蓄。

邝氏之家庭。

余叔虽不学，然知英语可为余进身之益，因命余就中国市纲纪慎（按此为撤加缅度之中国市）教会设立之学校读夜班。余是时年方幼，不经世故，交友不辨损益，不久遂为恶友所诱惑，习染赌博，并嗜观戏剧，对于学业日渐懈怠，终且辍读矣，而积蓄亦尽罄。此事为余叔所闻，乃向余大加申斥，复命余入夜校肄业。时校中之新任教师为陈才，与余初面，即垂青眼，对余百般诱掖，导余于正轨，使余感愧不已。初余不知基督教道，在舟中时，已习闻诽谤教会之言，先入余心，故余之肄业于该校，纯为英文起见，而对于教会，则抱与我无涉之态度。比与陈君善，受其热诚之感化，余向之成见，始渐消融。同时校中同学之德行，复与余以良好之印象，余既日与端人相处，久之受其薰陶，颇有向道之意。然胸中犹徘徊万端，不能骤决，则以向日习染，根深蒂固，一时未易排除。且环顾父母亲友，俱非教徒，苟余一旦进教，彼辈势将与余脱离关系。即余亦常自问，余家敬神拜祖，历代相传如此，苟余皈依基督教，必将与家人背道而驰，诚使基督教之道，能永久可恃，则亦无他，否则余损失之钜，宁堪设想乎。因是疑虑，顾每与信徒辩论，又终为其道所说服，余之思潮，由是起伏不已，踌躇而莫能决。

适于是时，余之毗邻，（在中国市）遭回禄之殃，波及余所居之地室，余之什物，俱被火焚化，乃他徙。顾新仍居仍晦暗湫隘如昔，兼以吾叔嗜阿芙蓉，吞云吐雾，使室中空气，益闷不可当。余曩固已厌此为地狱之居处，至是遂决意作迁地为良计，谋诸陈君，询以教会公所之室，可否容一席栖身地。教会原无此例，第鉴余苦况，特允之。余旋将吾意告诸亲友，时叔适去他邑，以余托之其友。渠闻余言，殊不以为然，惟见余志决，则邀集同乡之老成者，齐来劝阻，谓如必欲迁入教堂，亦当先禀父母俟其许可而后行。余不答，取衣物捆作二包，自携其一，友人携其他，扬长而去。

余寄居公所凡四年（约自十五岁至十九岁）。此时殆为余一生建立事业之关键，以斯时余友尽善士。陈君授余中文与圣道，待余诚恳如家人。西妇加凌 Carrington 敦氏，亦刮目相待，授余英文及初等科学，当日所读之《生理学》，《天路历程》，《斐洲游记》等书，俱深入余脑中，至今不

邝氏自建之木屋，最左者为邝氏，第三人为同居之李氏，余皆邻人。

能忘。每星期加入学道会一次，按例作学友，如是者半载，即蒙教会为余施洗，而成正式教友。同时余仍执役于人家不辍，所得工资虽不丰，然余能衣食俭约，节省金钱，寄回家中，付还来美时所贷之旅费，补助家用之不敷。即吾兄之完姻，亦借余之力焉。

按余之皈依基督教也，主因为益友之提撕警觉，此为理知之体认，为感情之激动，而非有彻底之觉悟者也，故余常觉试诱之环绕，而无法自脱。一夕，余工毕还家，途中闻金角声，因趋视之，则见救世军，方在街中，作宣道之举焉，余奇其行，因立而观其究竟，则觉其传道之热心异常，不顾人之诽笑。

初，救世军之至西方也，此次原为创见，居民不明其用意，所往视为怪物，无赖之徒，从而揶揄之，百方侮弄，阻其进行。但彼中人漠不为动。其时各派教会中人，亦因未明其旨趣，讥为无理取闹，自招凌辱，用是彼等所处之地位，其窘苦之状，可想见矣。余独敬彼等集会，聆其真理。久之，余觉彼等所奉之信条，固有深谛存焉，而余私心、亦颇愿仿行，以冀得救之志。自是厥后，方寸常感不安，继日以增，卒至不能忍受，俯伏帝前呼吁求救。一夕，余又在会中听道，良心正悲痛自责不已，闻主讲者邀认罪之人，

救世军时代之邝氏。

上讲台前悔忏，余亦随众前往。主讲为余代祈主恩，余亦切心祈祷。倏忽之间，觉自仿佛如置身基督之前，基督立于小丘上，鲜血自心窝涓滴而下，此情此景，为吾毕生所不能忘者。自是吾已彻悟，基督之血是为罪人而流，因之，吾人之罪戾得以赦免。是夕，余离会后，良心上如释重负，宛如更生，举凡所见之天地星月，与乎人间百物，无不现其光彩，心中不禁惊喜欲狂。自后余逢人，即述己所阅历，该军每聚集时亦嘱余作证，因此而受人之笑骂凌辱，不可胜数。以余为华人，所遭较之西士为尤苦，然余始终不以此为意。

初，救世军久拟向华侨宣道，顾苦未得谙华语之教士，比得余为其士卒(救世军称信徒为士卒)。遂欲实行其事。爰命余往金山大埠之救世军大本营中，练习宣教事宜，自兹后余不复执佣役之业，而专受救世军之供给。六月后，练习事竣，奉遣至太平洋岸各城作布道旅行，凡加利福尼亚阿利冈华盛顿各城邑，余之足迹几遍。余到各处传道，因余为华人，受人攻击特甚，加以当时太平洋岸一带地方，排斥华工激烈异常，华人无不在危险中。一夕，余独行于路上，突来一壮夫，向余猛击。余固不敌，又不能逃。正当千钧一发之时，适有一西女士至，见状大抱不平，与之理论，余始得脱难，否则余即不丧命，亦必残废矣。一日余道经一棒球场，群童见余，即向余追逐，幸余奔入一西女士家中，始告无事。又一日，美国工人大开会议谋抵制华工之策，余方自外归寓，有童子数人睹余，立欲向余包围。余急走避，彼等亦紧紧追迫。迨将逼近之际，余见势色不佳，乃掣出身畔小刀示威。彼等始不敢近，然犹遥作恐吓之状，视余抵家门始已。又一次，余至塔哥买城传道，其时当地之人，已尽逐华人他徒。余之同伴，犹不知余已入险地也，而以为余过此传道一二天，或不致有意外。然余则颇用惴惶不安，是夜余辈方会议间，突闻门外喧嚷之声不绝。同伴悟为寻衅者之来，乃急着余易装出走，投一友人家。既而友人犹以为未稳妥，复引余跋涉长途至一海湾，在一船上过宿。事后闻人言，则是夜门外果聚数百人，盖皆欲得余甘心者也。余如是旅行传道者，（是时余已升为救世军官佐）一年有余，然后返金山大埠。时救世军大本营中之厨夫忽他去，余乃自动请愿，代理其职务。初不以降格为耻，盖救世军素持平等主义，是故各按其能，各执所役，而不以役之贱为慊也。余所获之酬资，除留己日用所需者外，悉以寄家中，同时亦略事储蓄，备为求学之用。既而余见救世军对于向华侨传道之计划，迄未见实行，颇以留待军中为无聊，乃储蓄意舍去，欲就商业学校，专习“速写法”及“打字”焉。余以此意陈诸该营长官，并求许余暂离军籍，长官初不允，以为余既有工作，则何用学问为。及见余立志坚决，始可余之请，于是余乃实践余之志愿，入校数月便毕业。

当余求学之时，每日课余仍如前之工作，赖此以自给。余学艺既成，仍返军中，但不复操烹饪之役，而充书记矣，旋又升为太平洋岸某大佐之书。余居此任有四五年，在此时期内，余之学业大进，盖每日所与接触之人，莫不为智识阶级中人，耳所闻者，多为文雅之英语，同时常识亦渐广博。复以当时余有一少年同事者，为余之金石交，时以进德修业之言相勉励。再则，余于公务之余，暇晷颇多，足资余自修之用。总之，余当时所交之友，及所观察之事物，在在皆可以促进余知识者也。在此期内，余尝侧身于文艺界，为某文学会员，借是得探讨古籍，获益良多。余亦尝致力于研究救世军之组织法及管理法，因是余得获见蒲斯大将之女公子及其贤媳。此二女子者，均不愧为女中豪杰，睹其颜色，实令人意气为之顿壮者也。计余自十九岁投救世军，至是余之年龄已届二十有七，时则余已被擢为旗官矣。余在军中所经之八年，实为余壮年前最重要之时期，及今每一回顾，犹觉余兴未已也。

自斯时起，余常觉有更求精造学问之必要，而希冀能入大学肄业，以偿私愿。夫余既有恒业，而犹欲求学者，则以余关怀祖国一念之所动也。余年事渐长，益觉国事之重要，然念苟碌碌无所长，则曷能为力于国家乎，故余亟欲饱学后方归国，否则宁终老于异域耳。此求学之念，旦夕回旋于余之脑际，同时余亦反躬自省，觉穷措大如我，甘旨之奉，尚不之给，遑论求学之资耶，意以为绝望矣，不谓世事固有出人意料者。一八九七年，余以事至加利福尼亚省南部，遇一

得文学进士衔时之邝氏。

友人，余告以求学之志。斯友为有心人，后竟为余谋成厥志。余返金山大埠后，友往见盘马奈大学校长，陈述余之愿，及余贫乏之境况。未几该校长适以事至金山大埠，即来访余，余告以余之多年储蓄，仅得三百金而已，渠谓此数已足为入学之用。余复告以余之半工读计划，渠亦赞成，并促余作速赴校，于是余辞退救世军之职，而入盘马奈大学为预科生矣。初；余在金山大埠认识之人闻余入大学肄业，均笑余之非计，而欲阻止余之进行。盖当时一般人之心目中，不知有所谓大学教育，况余以有恒业之人而为此，则更令彼等百思莫解也。

余入校未几，不幸便须暂行中止学业，盖救世军之发起人蒲斯将军，以是时适来美作汗漫游，大本营以电召余往，命余充将军旅行队打字员。于是余与将军一行人先至纽约然后又周游全美各省，当时救世军中人，常劝余弃学从军，但余不之顾。迨旅行毕，余仍返校，度且工且读之生涯，时校中学生之半工半读者，实繁有徒，故余殊不觉己之境地为特苦也。校中师友亦以余为华人，另眼相看。余此时之日用，尤为节省，烹饪洗濯，均躬自为之。其后余与李君赁 built not rented 小屋同居，菜蔬均取自邻近中国人之菜圃。圃主念予贫乏，亦不向我等索值。余每日课余，即为人洒扫居室，或打字，或当侍者等役，借博其微小工值。每届暑期，则往乡间任摘果之劳，凡此种种，皆为金钱起见。至工作之如何卑贱如何劳苦，则非余所欲计较者也。

余因过事劳动，而营养又不足，康健遂至不保。经医生之督促，余乃停学，并在山上一帐幕内逸居，以事休养。期年，余之康健已完全恢复，遂返校继续求学。四年预科学程，倏忽已满，而升入正科一年级，计余在盘马奈大学肄业凡五年。在此期内，友人时与余以助力，其拳拳意，实余毕生所不能忘者也。余在盘马奈大学一年级肄毕，即转入加利福尼亚省立大学二年级，三年后，获文学士位，时为一九〇五年也。余在该校之首二年，仍工作以自给，平常在大学宿舍当佣，暑假时，余或当疱丁，或远至乡间为人摘果。至大学四年级时，因有友人供余膳宿，余始不复工作，而专致力于读书焉。在大学之末年，余服务于校内青年会之执行委员会，兼充书记之职。自兹起，余之交游渐广。余既毕业于加省大学，同时复得免费学额，乃往纽约入哥伦比亚大学，专攻文学及教育学，学年终，余获

邝氏在美自建木屋内刻苦工读时情形。

文学硕士及教育学硕士二衔。余自入大学以来以此一年为余最得意之时期，余在此一年，盖得置身于大学林立及万民辐辏之纽约城内，借与中国留学生多人订交，又得参观规模宏敞之东方各大学，因是增加余之见识不少。余居纽城一年，觉东方人物之风俗习尚，实与西方人有霄壤之别，余在大学修业既完，再往新英伦参加学生大会，作为余在美最后一度之流连。余将届毕业之时，曾往美京谒中国公使梁震东先生，自陈欲回国任事之志愿，梁使乃为余介绍于两广总督，竟蒙委为广州方言学堂教员。余见位置既有着落，即与旅居二十四年之合众国告别，重返祖国。余抵里门时见屋宇均非旧观，少年皆不相识，昔日父老，多已物故，殊不胜今昔之感也。余之祖母已不可复睹，惟双亲则犹健在，余在方言学堂任教职一年，与同事及学生，感情甚洽。

一九〇七年秋，（光绪卅三年），余晋京应留学生试，获文学进士衔，清廷旋以邮传部某职见委。余接事未几即弃去，盖余私念，时国内方缺乏英文人才，苟余回粤任教席者，以己之资格论，尚可出人头地，固胜于浮沉无定之宦海也。会商务印书馆颜骏人博士辞职，聘余继其位为英文部主任，正

曾与邝氏同居之H. Patterh夫妇。

投余之所好，良以余夙主张实事求是，不尚浮华虚誉，文墨生涯，正合余之志。余在该馆，历年工作，幸蒙国人嘉纳，而尤以早年著作，谬承海内学者交誉备至，此则余可引为自慰者也。该馆同人，办事之忠诚戮力，余早信其必能操成功之券，故余稍具积蓄，即以之附充为该公司股份，其后仍继续投资者有年。余每自顾曰，余今不仅为馆之职员，徒为他人作嫁衣而已也。余恒告人曰，该馆之有今日成绩，良非偶然，一则管理有方，二则不受政治牵涉，有以致之也。余每低徊往事，觉余之能向祖国稍贡其服务之诚者，全赖商务印书馆之力，故余对于该馆，常抱无限感戴之意。今者，该馆之出版物，已风行全国矣，而余虽足不出上海之门，顾能与国人相见于文字中，彼习英文者，则知余更详也。

余在该馆早年之工作，以著作或编辑学校课本为多，惟自馆内之英文部扩充以来，该项事业，遂以时间关系，鲜克进行。抑余亦欲从事于馆内其他事业，故余除担任撰述外，或则擘划广告之术，借以宣传该馆出版之英文书籍，或置身于暑天游览之地，或与各学校当局酬酢，或参与各教育会议等等，统而言之，其目的要不外推广销路而已。余在该馆服务之晚季，对于英文著作方面，辄延致外界投稿，余觉此项计划之成效，较前尤著，最近该馆所出版之英文书籍，其中实不乏精彩者。凡留心该馆出版物之人，当信余言之不谬，而谓该项书籍之内容，及式样，确有进步之实情也。近者各方纷来奖赞之言，称该馆之英文出品，实可与舶来者相颉颃，由是余相信吾人之作品，确已提高程度，同时该馆之令誉亦有蒸蒸日上之势，此则余至用欣慰者。盖凡此种种成绩，余均与有力焉，吾人在世上，能有所建树，实为无上之愉快，余殊不能不感谢该馆之予余以此机会也。

余一生事业之重要者，舍著述外，要以青年会事业为其次。余之与青年会发生关系，盖始自大学时代。余以为青年会之功用，在最低限度内，可以将基督之人格，向人青年广事宣传，使之发奋有为，即如余之能奋斗成功，殆无不拜基督榜样之赐。余在加利福尼亚大学读书时，叨为该校青年会之阁员，借此得与其他教徒相过从。余曾两度参与太平洋学生大会，得聆各名人之伟论，且与之论交谊，而得其感导之力不少。余因曾致力于青年会工作，故余在未回祖国以前，国人已得闻余之名。用是，香港青年会特函聘余为该会干事。时则余仍在大学四年级肄业，去毕业之期不远，余当时满拟接纳其聘，惟一念自己之国文程度太浅，不足以为人群服务。复以中国政府方面界，畀余以方言学堂之教席，待遇更为优厚，遂使余弃前者而采其后者矣。不明余衷者，或轻余为醉心名利之徒，庸知余为家庭境遇计，固不得不如是。再以余之连年颠沛潦倒，今欲稍苏余困，想亦人之常情，而大雅所能谅者耳。

当沪上青年会中人，闻余有卜居海上消息，中华青年会全国协会，竟预选余为该会执事，同时上海青年会亦举余为董事。自一九〇八年起，以至于今，余服务于斯二会未稍辍。余曾连任协会执事会之主席凡十二年，余又曾当上海青年会之会长数年。忆余初与青年会干事会面时，其情景实与余以莫大之兴味。盖余莅沪未几，即有一西干事名洛维廉者，以惠林罗结之传记假余，其意殆以为惠林之事业，足为余他山之助。诚然惠林者，世界青年会之鼻祖，而其生平事迹，堪为一般基督徒服务之模范者也。余所与接触之青年会中人，有颜骏人博士，及已故之唐价臣君，及黄佐庭君，此三者皆为一时之领袖而曾一度为余之导师者也。其他如巴乐满君来活理博士，及洛维廉君等，则为余之同事，与余论交，不惟恳挚，而其言行实能鼓舞人之向上，令人振拔有为。余之在青年会服务，常须参加会议，故每在商务印书馆工毕，即须往青年会任事，终日辛劳，几无余隙之暇。尤甚者，则当余任《中国青年》杂志主笔之时，恒工作至深夜方止，因是余积劳之体，遂不若前此之健康矣。虽然，余常谓余之在青年会工作，所失者远不若所得者之多，盖余在该会习于“乃役于人”之义，及时与干事切磋砥砺，使余失却自私之心，且觉悟人生之真理焉。余在美尝读教育学，以此故，再加以余之任职于商务印书馆，其工作又属教育事宜，遂令余有接近教育工作之趋势，余任中华基督教教育会及华东基督教教育会之执事者有年，迨数年前，余因身体之欠佳始告退。

余尝为山东齐鲁大学之董事，现当上海郇光学校董事会主席，斯校为旅沪粤侨中华基督教会所设。余为南洋高级商业学校之名誉校长者，约凡十年，余又曾效劳于沪埠青年会教育会者历有年所。中国盲童学校，自开办以来，余即被任为该校之董事。太平洋教育会，亦委余在该会服务，余尝一度为暑期学道会之会长，但其后逼于身体之衰弱，不堪过劳，始不得已而辞职。余为扶轮社员之一份子，扶轮社者，为世界商界及有专业之人之团体也。会员每星期宴会一次，席间，有音乐及他种娱乐以助兴，每会恒有演说，演说毕，乃散会。该社殆为互助及联络感情起见而设，余自一九廿二年入社，至一九廿九年止，在此七年中，余屡为该社各小组之委员，且曾任副社长二次。及余在商务印书馆解职时，因碍于该社之定规，凡无职业之人，不得为社员，余始告退，顾未几，余复以名誉会员之名义，被邀重行入社矣。

中国之麻疯救济会，余尝致力助之成焉。麻疯肆毒之厉，莫甚于广东，余以乡土关系，审之独详也。数年前，美国麻疯救济会干事来华，称及新发明之治麻疯医术，余辈数人，因念及患者罹害之惨，今既悉残废绝望之人，竟有一线曙光，遂不禁喜出望外，欲为患者设法，而发起中国麻疯救济会并推余为该会副会长焉。惜该会现尚在组织时代，余辈深望政府能襄助余辈，早日促成善举，俾疯人得解其厄运也。中华幼慈协济会，亦为余所赞助团体之一，且叨为该会执事，现在西北饥民遍地，其中不乏童子，亟宜有救济办法，同人希冀本会筹得款后，当有以援助之，使灾民得脱于水深火热中于万一也。余尝一度为美国大学会之主席，任满时，会员赠余银盾一座，表示彼辈感谢余在一年内指导下之成绩也。中国广告会，予亦尝为会长，其他美国之某红十字会，某林业会，及文艺会等，均不以余之不才，挽余赞助。

余寄居沪上伊始，即觉教会关系之不可臾离，惟以不谙本土方言，对于本地礼拜堂之宣道，凿枘不能入，而外国教堂又欠融洽精神，殊觉有设立粤人礼拜堂之要。用是，余集合同志，如欧彬夫妇等数人，组织旅沪广东中华基督教会，会系完全华人自给之独立教堂。设立之始，得西教士，富马利亚医生（医生在广东借医术传道多年）之助力不少，至足感也。同人在北四川路横浜桥附近，购地一方，树立教堂之基业，同时建筑三合土之四层楼洋房一座，以为郇光学校之校址。该会又在江湾购地数亩，辟为坟场。永安先施二公司，曾多年遣其职员到此堂听道，迨彼等自行设礼拜于公司内始止。自有该堂以来，粤人之奉教者，无不称便，盖不复有听道难之苦矣。其对于吾夫妇之益尤多，盖彼不特与吾侪惫倦肉体之调剂，抑亦使余子女得有宗教训练及教育之机会也。以余私见，余颇喜英语说教，但从基督徒责任方面着想，则余不宜徒为一己设想，反之，余应尽己之绵力，导同胞使向基督所示之光明大道也。余因受此责任心驱使，常企求扩大余为基督服务之范围，余曾一度为中国执行委员会之会员。复次，余现以青年协会代表资格，参与全国基督协进会为会员。余又为全国基督教文社之司库，及中华基督教会执事部之一份子，以上均为余为教会服务之事工也。

一九廿二年，余承盘马奈大学赐以名誉法律博士衔，并邀余亲往接受，余从其言，作第二次之渡美。旅费悉由商务印书馆代出，所以示其优异之待遇也。授衔之日，主其礼者为罗城法院之首席审判官爱魂汉氏，氏即绍余入盘马奈大学之友人，是日余之恩师陈才先生亦在，昔日尝提挈余之两义士，今均躬逢为余特设之盛会，回首当年，彼此不禁感慨系之矣。

美国为余立身之邦，今重游其地，回溯历年奋斗事迹，觉然时无地不兴余凭吊之念也。

旅居期中，辄蒙彼邦旧友或团体与及侨胞宠召。参与欢迎之会，余略事酬酢，即趁船过欧洲，再由海道经苏义士河及南洋各埠而返国。一九廿九年，余已度六十生日，是年春，余辞商务印书馆英文部主任之职，亲友闻是消息，或谓余现已富有，奚用多求，或则谓余碌劳一生，亦宜宴居以终余年矣。西友则以余精力尚富，遽然退休为讶异者，纷纭众衷，皆莫审余意之所在。诚然余体力固犹堪执业，然而所以决然舍去者，则以余欲多致力于社会事业，及从

第二次渡美受博士衔时之邝氏。

事著作，或涉猎书籍，再行有余力，务庭园之艺也。顾在事实上，则余尚未能整理庭园，余读未终卷之书，仍未克览其究竟，即在著作上，亦须偷闲为之。良以社会人士，意余逸居无事，纷以杂务见委，遂使余终未能达到后者之志愿也。余返观余六十载之历史，觉余之过失甚多，惟对于事业，则自问已尽己之所能，行己之所事而无愧，积数十年之经验，余觉立身之道，有三要素焉。其一为努力服务，其次为注重卫生，勤于体操，使身心康健以便于任大事，再次则吾人于执业之余，还有其他活动，以舒身心之惫乏，而不宜斤斤计较于图利之道也。余行年已六十，但他人之视我外貌者，多不信余有此高年，而以为余只四十许人耳。意者，余平素达观，不受俗虑缠扰，有以保持余少壮之颜欤。余生平不食烟，不嗜酒，赌博亦与无我缘，总之，余雅不愿纵情恣欲以误余有定则之习惯也。

邝氏告退外卜居沪上之住宅。

邝氏之园艺生活。

现代成功人自述其四·医学与佛法

丁福保述

本文作者丁福保先生近影。

丁福保先生，我国西医界之老前辈也。初致力于文学，继由数理科学而入医，晚近潜心佛法。生平学者精神，数十年如一日。且于诊务之余，从事著述，现已刊行关于医学者八十九种，国学十七种，佛学廿九种，共计一百三十五部；只举其量，已足惊人，况所撰皆经验研究之心得乎！先生年近六十矣，而精神矍铄，仍执济世之业，诲人发菩提之心；或谓从禅者消极，先生非其人也。因请述其生平，并为介绍于《良友》阅者。

编者附志

畴隐居士，江苏无锡人也，姓丁氏，字福保，吴稚晖先生字之曰仲祜。居士八世祖君蕃府君，以商业起家，力为善行，疏财好义，孜孜为之，无倦色。而最诚切者，则延名师教子也。吾家自君蕃府君广积阴德后，历代虽无显宦达官，而遗爱惠政，后先媲美，其事迹备载于邑志孝友文苑等传者，代不乏人：皆读书行善之效也。先祖生四子，长洁庵府君，后入祀惠山尊贤祠，即福保之先考也，生二子，长名宝书，次即福保。

余以同治十三年六月二十二日亥时，生于无锡书院弄旧宅，是时府君三十三岁，家慈三十八岁矣。时值粤乱初平，各家生理未复，府君为童子师以自给，家慈产后少乳，又家贫不能雇乳母，幸比邻有陈母者，产一女，乳有余，常以乳余。

光绪二年，余三岁。时邑中发生谣言，谓天主教徒能附生魂于纸人，飞入人家，往往能杀人。因是合邑之人咸有戒心，入夜则锣鼓声不绝，谓惟此可以逐走纸人也。余于日间，遂亦常敲锣打鼓以为戏。是年余患热病几死，至置芦席上。乃卧一夜后，病有转机，遂愈。

七岁始入家塾，识方字，约一千。读《大学》，每日仅三行，常不能成诵。第一日至泪如雨下，所读之书尽湿。

光绪九年，十岁。是年二月间，有一吃长素女人，领余至北门外蔡宅，见男主人已六十余，女主人仅四十许，两人与余周旋颇殷勤。余稍留即出，不知所以至蔡宅之故。至家后始知蔡年老无子，有一女欲择婚，吃素女人为余作伐也。然其后往返议婚数次，终因不谐作罢。

余住宅之前进，租与一印花布店，店主有胞兄曰阿黑，已四十余岁，每日喜阅《岳传》《封神传》，余每与共阅，虽不能尽解，然阅此颇有兴味。此为余阅书之始，时十一岁也。后阅书力渐进，阅《三国志》《演义》约一年，文理之进步极速。

余天性甚钝，幼读四书，日仅三四行，非百遍不能背诵，十三四岁时，自《左传》《史》《汉》《文选》以及徐庾等集，余兄皆择要为余讲解。晚膳后，余独坐小楼读书，油灯一穗，非三鼓不就寝也。余十四五岁时，邑中之好学者，皆肄业江阴之南菁书院，治考据词章之学。余虽年幼，亦心焉慕之，后亦应选得入南菁，居颇久，读《文选》，学作古诗，师友奖赞倍至也。余十八九岁时，治经史之暇，喜阅《朱子小学》、《近思录》、《五种遗规》等，自法甚严，每谓得志则如名臣，不得志则为名儒，而友人每窃笑之。二十岁时，余兄应秋试得副贡，余遂亦稍稍学时文，然非心之所好也。二十一岁时，余曾至廉南湖先生家代馆，廉氏藏书颇多，余寝馈其中者数月；自是颇有志藏书。惜无力，不能多购。二十二岁时，余肄业江阴南菁书院。见院中藏书甚富，乃狂喜无已，手钞院中藏书目一册，而私自祝曰："他日果能处境稍裕，必照书目尽购之。"

光绪二十二年，余二十三岁，应童子试，以不善作时文及小楷，不能列入前十名，县府试皆列名第十六，是年补无锡县学生员。呜呼，县试之苦，言之心悸，自三鼓入场，至明日三鼓缴卷，精力衰恭，意气消沉。府试亦如之。末应江阴院试，则监场末吏，狞状如虎；应试诸生，畏缩如鼠。此景此情，时复入梦，亦大可怜矣。是时馆于廉南湖先生家，岁修仅四十元而已。二十四岁，七月，室王孺人来归。八月赴南京应秋试，七日进场，十八日回锡，始知余父已于初九日弃养，呜呼痛哉！椎心泣血，抱憾终天，余小子绝意功名，誓不复应乡试者以此。稚晖先生谓苟不利于功名，当有著作行世；余甚韪之，自是斐然有述作之思。二十五岁时，余以算学考入南菁书院，受业于华若溪先生。二月，受聘为俟实学堂算学教习，岁修一百六十圆。

翌年，仍任此席。是时广买医书，终日翻阅，然一无所得。年终穷乏无度岁资，拟向某君借墨银二十元，迨见面时又不肯开口。乃空手而归，至是始觉无钱之苦。

光绪二十六年，余二十七岁，仍在俟实学堂教算学。是年刊《算学书目提要》、《卫生学问答》，是为余刻书之始。是年冬，往游上海。谒张聿青先生赵静涵先生谈医学。翌年，余赴东吴大学堂肄业。暑假后因病赴上海，就赵静涵师而养疴焉。先住赵师医寓习医，后迁入江南制造局工艺学堂习化学。适盛宫保设东文学堂，投考者六百余人，仅取四十名，余幸得录取。遂入学堂习日文。二十九岁，余与华李二君合译《西洋通史》，并编辑《广和文汉读法》。后同人等组织文明书局。光绪二十九年，三十岁。长沙张文达公聘余入京，为大学堂教习，月薪百元，后因余教授有法，改月薪为百两。三十一岁时，仍在京为教习，唯暑期后张文达公又增余月薪为一百二十两。今一年所得，已抵廉宅时之四十八年矣。是年作简单之格言锡诸座右曰："待人当慈祥和厚，情谊纯挚；处事当深沉不露，用心缜密。作事当坚忍勇毅，于千辛万阻之中，不许有半个难字出口。愈困难，愈颠危，而我必有驾而上之之魄力，以战胜此群魔，以达我之目的。三十二岁时，余为教习如故。是年李亦园先生以肺结核卒，余往大学堂吊李先生丧，挥泪不止。先是亦园见余所著书，乃力荐余于张文达公前，故文达聘余来京任讲席。亦园先生，实余生平第一知己也。匏系都门，非余所好，暑假后遂竭力辞馆，决意回上海。同事诸先生及学生等饯行送别，咸依依不舍也。回沪后，整理书业，各算学详草皆出版，吾国算学书之有详草，自余始。光绪三十二年，三十三岁，在无锡与同人组译书公会，拟印医书而未果，遂编译教科书及各科学书。盛宫保托人聘余为教读，岁修银二千两，余坚辞不往。三十四岁，仍在译书会。购陆氏旧宅，费银三千余元改筑之，工竣遂移家焉。译书公会至年终停办，共亏折万元。三十五岁，余以译书公会失败，遂独力出资，来上海，刊行医书。是年四月，任自新医院监院，月薪百元，余即以此款捐入医院为经费。秋冬稍稍为人治病，收入之医资，积数月，不及三十元。行医开始之难如此。是年医书之出版者，凡十种。

宣统元年，三十六岁。两江总督端制军有考试医生之举，余得最优等开业证书。旋奉端制军派为考察日本医学专员，于五月间赴日。于日本各科医学，明治初年改革医学之次第，以及医院医学堂之规制课程，均调查无遗。秋间返国。是年医书之出版者，凡二十五种。

宣统二年，三十七岁，行医刊书如故。创立中西医学研究会，入会者数百人，发行《中西医学报》。刻《汉魏六朝名家集》四十家。是年医书之出版者，凡二十九种。

研究文学时之丁氏。

宣统三年辛亥，三十八岁，仍行医刊医书如故。三月移家至上海，居昌寿里。八月，武昌革命军起事，海内响应，满清遂亡，余亦将发辫剃去，是年余出版医书廿三种，尺牍十余种。民国元年二年三年均行医刊医书如故。三年内共刊医书二十六种。余性嗜书，昔为衣食所困，无力多购。少时所买者大抵皆石印本及寻常坊刻本，自移家上海后，目光日益昏矇，石邱小字本已不能检阅，而寻常坊刻本又不足以餍余嗜书之癖，乃稍稍从估客购取善本，第书值价之昂，较余十余岁时，且十倍过之矣，盖以古书日少，而收藏者日多也。余以中人之产，节缩衣食游宴之费，欲买书十余万卷，其艰难困苦，较富人之搜罗古籍以为美观者，不可以道里计也。凡购买一书，必几费经营，始克措资议价，若书值在百元外者，则往往质产鬻田，奔走数十日而始克购成。其得之既难，故读之益勤奋，每有朝得一书，喜极欲狂，读至深夜尚不忍释手者。此情此景，余时时遇之，其乐趣岂富家儿以书籍为美观者所能喻哉。

四十一岁时，余曾自题小照曰："汝能粗衣素食欤？汝能不妄取他人之金钱欤？不安于心，不可告人之事，汝果能不为欤？汝能刻苦自励，不为资财嗜欲之奴隶欤？汝之一言一动，果能真实不妄，无惭于清夜欤？呜呼，汝其自视，类君子欤？类小人欤？昌黎曰：'其不至于君子而卒为小人也昭昭矣'，果若此，不其戚欤！"

民国四年，四十二岁，行医刊书如故，是年买书甚多，作《藏书书目自序》，中有句曰："书籍者，索居者之良友，失途者之导师，无助者之佳伴。果寝馈其中，能使饥者忘其食，寒者忘其衣，病者忘其痛楚，贫者忘其困乏，忧者忘其悒郁，兼能增人之寿，益人之智识学问，而使人精神愉快也。一入室，见卷帙浩繁，即未抽阅，已足令人心快，彼缥缃之中，若有语我者曰：‘我辈之所蕴藏者甚富，内有圣域礼园，潘江陆海，以及雕龙绣虎，琪花瑶草，灵珠荆璞，一切怪怪奇奇之珍物，无不毕具，甚愿阅者款其关，入其室，而发其堂奥也。……’是年书籍之出版者，有《少年之模范》，《王荆公唐百家诗选》，《八代诗笺注》，《历代诗话二十八种》，等。”

民国五年，四十三岁，行医刊书如故。正月回锡，为家慈八十寿辰也。余已三年未至故乡，今见街道之广阔，洋房之华丽，商务之繁盛，车马之络绎不绝，宛然一小上海也。及见图书馆之气象雄壮，公花园之广大幽闲，又为上海之所无，为之欣喜者数日，正月间因病缠绵至十余日，又消化不良，全体衰弱已极。顾来日之渐短，悼往事之可悔，于是览佛氏书，而有当于心，遂委身而从事焉。是年买古书较上年尤多。作《全汉三国晋南北朝诗绪言》。是年书籍之出版者有《汉法医典》，《生理学讲义》，《历代诗话续编二十八种》，等。

民国六年，四十四岁。行医刊书如故。买古书甚多，先后共得十五六万卷。余以节省之香烟费五十元，捐入龙华孤儿院。终至研究佛经。是年医书之出版者凡八种。民国七年，仍终年研究佛经。是年余以书籍捐入县立图书馆，及俟实学堂图书馆，约千元。余在上海节省应酬游宴之费，每年约三百元，以十年计之，共有三千元，即以此款发起组织贫民教育社。余募捐祝兰舫先生贫民学校经费一万元。本年出版书籍，有经笺注等十八种。

民国八年，行医刊书如故。是年开印《佛学大辞典》。近人大抵知释氏之所谓因果轮回，皆极确实，所以余刻之佛书，其流通亦颇易易。吾知十年之后，佛教必大行无疑。余为流通经典，弘扬佛法起见，故编纂各种佛学门径书及佛经笺注等，先垫出基本金一万元，为编译印刷各费。此举非谋利性质，故每月不提官利，须待各种佛书流通后，再将基本金陆续归还，若有赢余，决不提取。即以赢余，广印经典，或划出一份，为印送佛学门径书之用。十二月，教育部因余捐贫民学校三千元，特授余捐资兴学褒章执照一纸并奖给金色二等褒章一个。今年出版《佛学指南》，《佛学起信论》，《佛学小辞典》，《佛学大辞典》等六种。

民国九年，四十七岁，行医刊书如故。自正月以来，家慈病重日笃，渐渐不能饮食，延至三月十二号晚弃养，享年八十有四，呜呼痛哉。是年出版医书九种，佛学书十一种，又印佛像二十五种，各二千份，印《佛学撮要》，一万九千部。

民国十年，四十八岁。行医刊书如故。续捐大宗书籍于第一高小学校图书馆。近来念佛念经功课，均作辍无常，知凡夫修行，颇不易易也。是年出版佛学书籍十种。

民国十一年，四十九岁，行医刊书如故。陈先生贻范谓余恒在车中读书，颇以为奇。余谓唐书《李密传》，密常乘牛，挂《汉书》一帙角上，行且读，是古人在牛背上亦可读书也。近世曾文正公在车上亦读《哀江南赋》，是皆可以为法者也。裘葆良先生等，每逢星期六下午六七点钟时，约同乡七八人在一乐天茶寮小叙 ，有年矣。至今年五月，茶寮中坐客益形拥挤，几无插足之处，乃将星期六之会，移于余诊病室内。上海道院延余讲佛经，每星期日下午讲一小时，淞沪何护军使，介绍余入道院。功德林素菜馆，每星期日约居士数十人，为聚餐会，每次多则三四十人，少则十余人，余每次必到。济南道院赠余金质功修宝一枚。余苦劝习道家言者，改阅佛经，而竟无一人肯信从者。然既习道家言矣，又苦于无书可读，书肆中虽偶有数种，亦鄙俚不堪入目，余不得已，乃发家中藏书，择道书中之精华百种，分为十集，名《道藏精华》付梓以饷读者，余不肯列名，乃托名守一子编辑云。本年出版书籍十三种。

民国十二年，五十岁。行医刊书如故，同乡星期六会，功德林聚餐会皆如故。稚晖先生自北京来上海。自去年五月以来，每星期六，余寓所本有聚会一次，至是遂再添星期三一次，简称三六会，每次略备茶点，少则六七人。多则十余人。常到者如裘葆良，吴稚晖，陈仲英，蔡禹门，俞仲还，廉南湖，胡敦复，及家兄云哥，族弟慕韩，朗西等。词锋飙起，情文乳洽，寻友于之真乐，销良夜以清谈，亦客中之一乐也。本年出版有《复年丛书》后五种及佛学书，《宋九僧诗》，《一

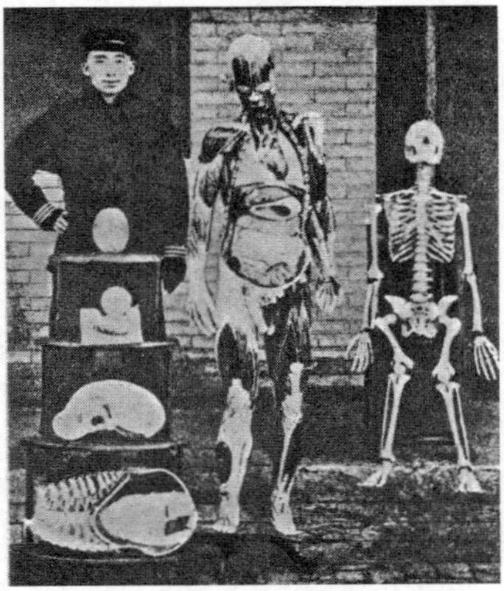

研究算学生理时之丁氏。

切经音义提要》等八种。

民国十三年，五十一岁。行医刊书如故。三六会及功德林聚餐会皆如故，颇有交游谈宴之乐也。岁初，余患流行性感冒，鼻喉气管支加答儿，而胃又时时呕吐清水，又发寒热、鼻塞，不通空气，最为难过。余不患病久矣，今始知病苦，约一月而愈。吴稚晖先生编辑《直声周刊》，因转载《新闻报》记李彦青事一则，李即加以污辱政府之罪，嘱步军统领，分咨苏沪无当道通缉吴先生，此实李滥使强权，横加诬蔑也。故余约程雪楼，王一亭，叶伯皋先生等，为维护硕彦伸强公道起见，函请何护军使，分函本埠英法领事，并电请国务院暨步军统领，解释误会，取消前令。后得何护军使覆函及注销通缉令函电。余前因学佛者无入手起信之书，故编《佛学撮要》，《学佛实验谈》等十余种，笺注佛经十余种；又因学者苦无检查之书，故印《佛学大辞典》《佛学小辞典》，皆以便初学也，余流通佛书之初愿，至此已告一段落。回忆三十年前，在江阴南菁书院时，拟编《说文解字诂林》及《文选集注》，因时作时辍，久未告竣。今欲了此二愿，故先将《说文》选未完之稿，日夜董理之，然非五六年不能出版也。余自四十五岁茹素以来，凡牛羊鸡鸭猪鱼虾蟹鳞蛤之属，均已戒绝，觉天下之至味及卫生之道，无有过于素食也。作说文解字诂林序及例言。十月十二号接匪类恐吓信。回忆数年前，先后接恐吓信十余函，均置之不理，盖亦司空见惯矣。本年出版之书籍有《无量寿经笺注》及《说文目录》。

民国十四年，五十二岁，行医刊书如故。星三茶会已停，星六茶会及星期聚餐会皆如故。余所居静安寺路三十九号之屋，房主将翻造，改为外国青年会。余住此已逾十一载，余在上海行医刊书已逾十八载矣。曹子桓曰："日月逝于上,体貌衰于下,忽然与万物迁化。"陶士行曰："佚游荒醉，生无益于时，死无闻于后，是自弃也。"览二子之言，不禁为之扼腕。迁居之后，余晷尚富，拟专心读书著述，谢绝一切杂务，即医药一事，亦拟辍业，作一小小结束。余本一介寒儒，事事皆从节省，回忆此十八年中，每月肉食衣饰车马酬应诸项，所省者不下一百八十余元也。余屡闻政府，拟影印四库全书，遂筹备巨款，欲预约一部。其后虽见明令，忽又作罢。余因择四库全书中外间稀有之本，别将目录抄出，名曰《四库全书录要》。

民国十五年，五十三岁。行医刊书如故，星六及功德林聚会如故。数月来笺注老子《道德经》，晨出夜归，恒挟一书包自随，宛似学生之上课。惟近日人事日繁，终日鲜暇。往往终日奔驰，不能笺注一字，怅惘无已。胡文忠公曰："日杜门谢客，专以读书为是，不可走入应酬一路。"余自后拟决心实行胡公之言，凡应酬一概谢绝。是年作《老子道德经笺注绪言》。十二月间一日晨起，跌伤左足，足背大肿，

研究医学时之丁氏。

寸步难行，其后约过二年半始复原。终年编《说文诂林》。

民国十六年，五十四岁，行医刊书如故。吾家第亦续修家谱，始于十三年春季，至今岁二月始告竣。余因捐助经费国币四百元，故领得家谱八都，以备赠族中之贫而好学而不克领谱者。笺注《陶渊明诗》四卷。

民国十七年，五十五岁，行医刊书如故，同乡星一会如故，同志聚餐改为星期三，在觉林举行，钮惕生叶楚伧两先生，荐余为江苏省志编纂员，余辞不就。庄子曰："山木，自寇也。膏火，自煎也。"桂可食，故伐之；漆可用，故割之。人皆知有用之为用，而不知无用之为用。余自知如无用世之才，故每诵是语以嘲解云。佛印禅师曰："人生一世间，如白驹之过隙，二三十年功名富贵，转瞬成空。何不一笔勾断，取自家本来面目。万劫常住，永无堕落。何乃胶柱守株，待入恶趣。"余久奉大禅师语为圭臬，故愿遁世不见知而不悔。是年十月，《说文诂林》全书出版，共七千六百余页，订六十六册。吴稚晖先生誉之曰："是书搜罗各种说文一千余卷，可谓集许书之大成，编制之条例，亦精密绝伦。……如国内藏书家而无此书，则藏书不克称完备，图书馆而无此书，则为图书馆之大缺点，行见三版五版之踵相接也。"云云。

民国十八年，五十六岁。行医刊书如故，各聚会皆如故。《说文解字诂林》自出版至今，共售出四百五十余部尚余四十余部，拟作《重印说文解字诂林叙》。余于民国七年，倡捐三千元，为贫民学校经费，先后约七八年，成绩甚佳。其后主持校务之曹翼臣先生卒，邑中诸青年，创办锡社，社内办义务学校数十处，颇为发达。余遂以此款三千元拨入锡社。后锡社停办，余遂收回此款，暂存余处。适华纯甫先生来上海，详述邑中诸君子办理普仁慈善会之热心，余乃以此款捐入该会，为周济孤儿寡妇之一助云。拟影印《钦定词谱》、《全上古三代秦汉三国六朝文》。盖精力就衰，著述都懒，校刊载籍，借以自遣岁月云耳。十一月回无锡，住公园饭店，公园中适开国货展览会，百货陈列，颇为热闹，公园面积，大达三十五亩，故游人颇觉拥挤。三号送梅初表哥之柩，至惠山听松山庄。一到此间，不无感触。彭殇一致，修短何常，并尘世者孰为知交，在泉台者偏多亲故。效顽石之点头，悟皱面于观河，世界本为客尘，人生原如旅宿。我闻如是，于意云何。余在薛氏表哥处前后凡三日，所见饭菜客面及筵席，皆无一非荤酒且极丰盛。余以为丧事宜一律用素酒，盖古礼如此，不可废也。后闻邑中凡有丧事者，皆用荤酒，已成风俗，非仅余表哥家如此。

今后之目的，果何在乎？欲居积，则多财非福；欲编书，则无益于己，亦无益于人，徒自苦耳。唯有发菩提心以救人，最为上策。救人从医药入手，尽我心力，以救贫人之病。凡对于贫病不可生厌弃心，怠慢心，吝啬心；宜生爱怜心，恭敬心，博施心，如贫病之人，来求医者日众，虽以每日之收入，尽数施于贫人，亦无所惜，即以此为今后世间法之目的。

现代成功人自述其五·美国博克先生自述奋斗的一生

（梁得所译）

"No man has a right to leave the world no better than he found it."

“一个人倘若眼见目前的世界比他出世时无所改进，他就没有离世的权利。”

说上面一句话的博克先生，最近竟长辞人世了。他有没有离世的权利，这问题且向他的自述找寻答案罢。他把自己从贫困失学的环境中拯救出来：少年差役出身而成当代学者；中年以三十载的精神致力在出版界，办成世界最大的杂志；晚年退居从事著述和服务社会，人生至此，可谓无憾。他曾应美国教育机关之请，笔述一生奋斗经过，作中学读本。译者由那本自述的介绍，得与博克先生作千里良友，年来书信往还，获益不浅。有一天，忽接他家人寄来的讣闻，在惋惜之余，决意把他的自述介绍于《良友》读者。成功之路各不相同，而奋斗精神中外无异。希望读者对这篇文感着勉励，亦如译者所感一样深挚。

—译者附志—

一、一个贫家童子

六十年前的秋天，一只大船由荷兰启行，船上旅客当中，有一家四口，是要到美国去的，那家人做父亲的原是荷兰望族，只因营业失慎而破产，因此决计到新大陆去谋生；他的妻自小养尊处优，现在却不得不脱离安逸生活了。这夫妇俩之外，还有两个儿子，长子八岁半，次子七岁。次子名叫爱德华博克 (Edward Bok)。

到美国后住在纽约，兄弟两人便入公立小学念书，为了言语不通，常受顽皮同学欺侮，终于有一次，博克忍无可忍，用拳头的“世界语”，给顽童一个教训，以后在校中就不受再欺了。渐渐的，好容易才学识英语。

博克的父亲到美国后，对于新环境未能适应，许久找不着适当的事业，家计因此更加困离了。博克察觉母亲因操作过劳，体魄渐弱，于是和他的哥哥决意分轻她的责任，每天起早一点，帮忙生火弄早餐，洗杯盘，然后上学去；放学回来，别人玩耍的时候，他们却扫地抹台椅，做晚膳。说也奇怪，博克小孩子的时候，便得了许多妇女家政的常识，后来他做《妇女家庭杂志》*Ladies Home Journal* 的编辑，那些常识很有实用哩！

一天下午，博克站在邻近的一间饼店窗外的时候，那店主正在把点心摆到玻璃窗柜里。摆好之后，跑出门外看看，无意中遇见那小孩子，在留神瞧着窗内那些引人垂涎的好东西。

本文原作者博克先生遗像。
（亲笔题赠译者）

"还好看，可不是吗？"店主说。

"是的，"那荷兰童子答，"倘若窗柜再弄干净些就更好了。"（按：荷兰人素以洁净称）

"不错，"店主微笑说，"也许你能帮我弄干净吧？"

"可以的。"一句简洁的答复，博克于是找着第一份工作。他马上跟店主进去，把窗柜抹干净；店主很满意，约他每礼拜二四下午放学后来做这工作，每礼拜工金五角！

有一次，博克刚把窗柜抹好，而店主正在里面忙着的时候，有一个太太进来买东西，博克上前招呼她，很敏捷地替她把葡萄饼包起来。店主在后面瞧见他微笑地招待顾客，便对他提出：倘若他每天放学后能来帮忙卖东西，每周工金加多一元。博克也提出条件；要求工金之外，每天还得带些卖剩的点心回家给妈妈。店主同意，他便答应除礼拜六之外，每天都来。

七岁时之博克。

"喜欢打球吗？"店主这样问。

"是的，我喜欢打球。"博克答。然而他礼拜六不到饼店做工，并非为着打球。只因礼拜六全日没有功课，他便利用早上去派报纸，下午街道游人很多，他弄几桶柠檬凉水，在门前卖三分钱一杯。

做母亲的，眼见儿子干着仆役的操作，心里不免难过，尤其难过的，有时柴炭用完了，博克提着篮子到附近路边去捡拾木片和煤碎。他母亲叫他以后不要再去罢，而博克答道："我们不是去偷别人的，有什么难为情呢？"

他父亲虽在电报局里找着翻译员的职位，可是家里经济情况，有紧无宽。博克的哥哥已离学校到一个律师事务所做送信员。接着一年，博克也就辍学了。

于是，年纪不过十二岁的博克，便离了学校，进电报局做差僮！每礼拜工金六元二角五分。

事有凑巧，当博克第一天上工的时候，刚刚十二个钟头之前，在波士顿有一个女子出世，就是他未来的爱妻。那么，当她到世界来的第一天，博克就为她而工作了。

二、自学之饥渴

既离了学校，自学的问题就占据博克的脑中。普通的英文他已经懂了，可是六年的小学教育实在未足以应一生工作的需用。当时他在电报局里做差僮，见过许多闻名的人物，即如发明电话的贝尔和发明电灯的爱迪生，都是常来的。那童子知道这些成功人当中，也有和自己一般没有机会进大学，他们竟攀到高峰了；然而怎样攀法呢？博克找他们的传略来读，读过一两篇觉得很有味，想再知详细些，于是决计买一部《百科全书》，他每天回家步行而不坐车，好容易才积够一笔钱，很快活地把全部《百科全书》买回来。他愈看愈受鼓励，因为书内所述许多大有作为的人出身之处，和他一般寒微。

有一天，他偶然想考究书中所述是否真确。当时嘉菲尔德将军为候选总统；博克怀疑着，这位有总统希望的人物，少年时是否拉过缆，于是简单而率直地写一封信给嘉将军，问问他的传记对不对。一个名人，无论身位怎么高，对于一个诚恳好问的童子的来信，必定喜欢接收的。嘉将军亲笔复了一封长信给博克，他父亲看见了认为可贵，叫他保存勿失。他想：倘若一封这样的信可贵，一百封岂不是更可贵吗？嘉将军肯复，难道其他名人不肯复吗？

往后从通信中结交许多师友，并非徒然收集无意义的笔迹，其实每封信都是有所谈论的，足以增加一个失学者的知识和勇气。

格兰将军的回信附绘地图，指明李将军投降的地点；诗翁朗菲露解释作《室中》的动机，……诸如此类的亲笔信渐收渐多。消息传出，几家报馆先后派记者到博克家里，抄录那些信件去发表，其中一两封竟引动全国报界讨论。

当时打字机未发明，速记的技能很有实用。博克为求发展的机会，于是加入青年会夜校，学习速记；但青年会的速记科每周开课两次，博克觉得太疏，便再投一间商科夜学，学习的时间加倍。两校的教员见博克的进步为其他学生所不及，简直莫明其妙。

三、总统的友谊

速记学习了几个礼拜，实用的机会来了。当地某团体宴请要人，席上要演说的有海士总统、格兰将军等五人，

《布鲁克林日报》派博克去记录海士总统和格兰将军的演说词，更嘱咐要把总统所说的逐字记出。

餐罢开始演说，新闻记者入座，博克也就坐在总统面前。当时的习例，餐后各人饮酒一杯，而新闻记者亦奉酒的。博克看见案头一杯酒，心里决意杜绝不良嗜好，尤其是头脑要清醒的时候，不要尝它。为了使桌面宽展起见，叫侍役把那杯酒拿去。

正式去记演说词，这是头一次。格兰将军讲的很简短，而且说得慢，使那初出茅庐的记者还可胜任。海士总统演说呢，不得了！博克聚精会神也赶不及，同时别家报馆的记者也是没有办法。不要紧，当散会的时候，博克马上趋谒总统，说明刚才的困难，并解释这回是受报馆头一次差托，失败难为情，非赛过别家报纸不可。

原来总统注意到博克刚才不饮酒，留着一个特殊的印

六十七年前博克出世处（在荷兰喜尔德村）。

象。当下便答应他，并邀他一同乘车到寓所拿原稿，在车中，总统问及他的年岁职业和为什么不饮酒等等话儿。既到寓所找出那演说词的草稿，博克说借回去立刻抄，明天早上送还。总统看看时表，已经半夜了，便说："我想我可以另外找出同样的演说稿，你不必重抄了，倘若手民看得出我的字迹，就把原稿发给他们排印罢。"事后，博克得知，总统演说稿只得一篇，当时虽不知总统的体贴，幸而他做事的习惯使他当夜抄写，次日早上把原稿送还。

结果，博克所采访的总统演说词逐字全篇刊出，其他报纸都比不上。

那天晚上回到家里，拆阅一封短信。

亲爱的小朋友：

刚才我对夫人谈及你，她也很想见你，今晚八时半请到我们这里玩玩罢。

海士

今年博克逝世安葬处。（在美国富罗力达）

博克没有礼服，只好穿上一套干净的衣裳，八点钟出门，前往谒见美国的大总统和总统夫人！

既到，叩门递上咭片，开门的对他说："总统和夫人正在等候你。"——等候着一个十六岁的小孩子哩！

进室内不一会，博克渐渐觉得仿佛在家和父母围炉一般舒服。在那两个钟头像家人一般的谈话中，种下一生友谊。年复一年，博克结交许多朋友；至于海士总统，除见面之外，差不多每个月都有书信来往，直到总统逝世那年冬天，博克收到他最后的短札：

亲爱的朋友：

病中握管未能畅所欲言。我感谢你——感谢你恒久的友谊。

你的挚友海士

四、诗人访问记

当代的文人，多住在东北省，很少到纽约来的。博克想拜晤几位著作家；同时储了一点钱，可以作小小的旅行，于是趁着一周的假期，到波士顿去。

到波士顿的晚上，立刻写几个字送达诗人何谟斯，诗人复信约他次日早来吃早餐。

两个人一边吃一边谈。诗人微笑地说："你特意来访我们，是吗？我且问你，你以为此行有什么益处？"

博克的解答是：每个成功的人，必有多少话对于青年人说，而所说的总得有裨益的。

餐罢，何医生（按：这位诗人同时能医）说："你知道我是一个木匠吗？我会做木工的哩！你来我的工作室看看罢。"于是两人同到楼下一所工作场，那里摆着很齐备的木匠用具。

“你知我是一个医生，”何氏说，“这操作的场所就是我的疗养院。我相信每人须有一种嗜好！一种与日常工作截然不同的嗜好。整天做着单调的工作是不对的，所以木工就是我的嗜好，借此使生活变换变换。我每天抽几十分钟到这里来，把脑筋完全变换。因为，不知你信不——”他用诙谐的口吻说，“做一首诗和做一张椅子，是两件很不相同的事体。”

“那么，”他继续说，“倘你以为在我这里可以得点见识，就牢记这一点罢：当你长大成年的时候，无论从事什么职业，不要整天埋头埋脑于工作。虽或觉得工作有趣，但愈有趣愈危险。我以为！”诗人于是作结论说，“你宁可忘记了我的文艺作品；却不可忘记我现在告诉你的一番说话。”

谈了半天，然后从何谟斯家里出来；博克又去访朗菲露。朗菲露留他吃晚饭，饭后更带他一同去看戏。并亲笔题了一首小诗赠给他，那首诗便是：

Let us then be up and doing,
　With a heart for any fate;
Still achieving, still pursuing,
　Learn to labor and to wait.

—Hanry W.Long fellow

我们起来有事做，
雄心何必计命途；
努力建业莫等闲，
学习勤劳学服务。

早晨与何谟斯同桌吃早餐，晚上和朗菲露坐包厢看戏，博克到波士顿的第一天，已不虚此一行了，接着共住了七日，再访见许多文学家，有趣的事情，记不胜记哩！

五、投身出版界

博克因熟习速记，已由差僮升任书记。不幸父亲去世，家庭经济责任更重，有日夜兼工之必要。

《布鲁克林日报》已约请博克做外勤记者，担任采访戏院新闻。有一晚，著名女伶在大戏院登台，报馆编辑临时派博克去，当晚他凑巧另有事约，同时又不想推却编辑之命；他记得前不久曾看过这位女伶，于是回家撰作一篇新闻稿，凭上次的记忆作批评，并说此次表演更有进步，故观众甚为挤拥云。新闻既有卷可交，时间又不费去，可谓便宜了。然而事有凑巧，当晚那女伶临时有病不能登台，戏也停演。次晨各报把事实登出，独有《布鲁克林日报》却说是晚表演甚佳，观众甚为挤拥……

这件不诚实的尝试，博克因而失了该报外勤记者的职位。自受这个大教训之后，博克铭于心中，作一生的警惕。

不久，电报局的股权转卖给大银行家高尔特，高氏手段惊人，颇有操纵经济界的势力，当转卖交易时，高氏常在局里接洽，颇赏识博克，特留他做自己的秘书。

自从与高氏相处，博克渐渐发觉他是一个惟利是图的，专事投机操纵的商人。眼见环境日趋腐化，又回忆父亲从前在荷兰也因投机失败而破产。倘若长此接触下去，恐怕无意中习染奸商的手段，而且自己的志趣倾向出版界，因此博克决意离开电报局。

得友人介绍，在一间书店找着一个书记职位，于是向高氏辞职。高氏立刻提出加薪条件挽留；博克解明薪金在他家境虽属重要，但终身择业问题、宁舍此而求较合自己天性的工作。

“然则你打算做什么职业？”银行家问。

“书籍刊物的出版事业。”博克答。

“你大错了！”高氏用尖冷的眼光瞧着他说，“书籍是可有可无的奢侈品，社会金钱大部分用于必需品，如电报等不可一日无。像你这样聪明的孩子，前途无限，择业择错了，我不能不替你可惜！”

可是，后来证诸事实，那素称眼光锐利的银行家高氏的预卜却是错了；因为博克择业并没有择错。

六、创办通信社

博克日间在书店做速记生，晚上自己办一个杂志；为了平日结识许多著作家和名人，其中有些予以经济赞助，有些答应供给稿件；规模虽很小，里面常载当代文豪的作品，引动读者注意。初办时每期发行用小车推到邮局，不久便要改用两匹马的大乘送货车了。

为了稿件征集丰富，博克有时分给其他刊物，渐渐有些刊物托他征稿。于是他便决计办一个稿件通信社，广事搜罗，供给各杂志和日报。为了要专办通信社，便把自己的杂志的版权卖给一位赞助人，那便是《亚美利坚杂志》*American Magazine* 到现在仍继续出版。

浮水大皮球。

两年中，通信社遂渐发展，各地报馆特约他供给稿件的已有四十五家；于是得各报的扶助，经济充足，可用重的酬金征集第一流作品。博克因在书局有职，不能全部精神管理，于是邀请他的哥哥做通信社的营业主任。

当这时期，博克发生一种重要的感觉，他观察报纸的读者都是男人，一般妇女都不阅报的。追究原因，知道当时的报纸缺乏适合妇女的材料。他便特别留意征集女作家作品，又请男作家著述妇女问题；同时和报馆编辑接洽，献议每周辟一页专载妇女读物，各报都赞成。今日报纸差不多都有的“妇女之页”，就在那时出世。而博克后来被聘任妇女杂志编辑，其引线也就孕育于此。

七、成功之路

书局出版部新发行“新书月评”，专介绍新书和征集批评。这刊物请博克主编。他初入书局时做书记，现在他名下却雇用两个书记了。

青年入世之初，大概和博克似的，有一种畏怯的观念，以为成功之路非常挤拥，人人争先恐后，自己想出人头地，恐怕是万难或侥幸的事。

然而博克入世任事之后，渐渐感觉诧异：从前所畏惧的，步步争先的人在哪里？严格寻找起来，简直没有存在。

成功之路宽阔得很，何尝挤拥？倘若你要向前行，不愁被人拦住去路。至于所谓幸运，并非重大元素，虽然偶遇提拔，未尝不算可喜，然而进步与否，毕竟要看本人努力与否而定。博克渐渐深信，惟有坚心实力，无往而不利；只可惜坚心实力的人，未免太少了！

他仰望高峰，不但没有人满之患，且叹登峰造极的何其寥寥，在上头还有许多余地，听人攀上去占一席位。

一个有为的青年，肯做事超出工值的，可以发见周围有十个同侪，人人都想做事少而酬报多。

博克又发见一种普遍的状况：一般受职的，还未到放工时刻，各人就准备休息，帽子大衣拿定。五点钟一响，马上开步走。他们把职位当作不得已而为的苦事，所以一出办公室，就把职务抛诸脑后。无怪乎在事业上认真发展的人，在全体里面，一百人当中不上三五个。

“工夫长过命！”人人惯这样说，“何必去做老板马牛的？工钱反正是定了的。”说这类话的人偏偏很多，他们总想得过且过，求退而不求进。

因此，博克看见成功之路康庄宽展，没有被挤落后之忧，反觉并肩同行者太少而感着寂寞。这是最可诧同时可惜的现象。人们常常羡慕成功者魄力勇气何其大,而叹“行之维艰”，其实勇往而行比退缩易得多。退缩者不停要设法推诿，申辩，犹疑，实际想安闲而反寻苦恼。遇枯燥的工作，与其袖手叹息，究不如奋起从事之为快。

渐渐地,困难之于博克,不过是一种叫他征服的对象。他认定最难的工作就是成功的脊骨。世上一切事业，都不是偶然而成的，一切都由人事博得：所谓人事，就是乐于服务的精神，和勇于从事的决心。他认定最幸运的人，就是肯努力的人。虽然什么事理都有例外，但从大体而言，那句断语是千真万确的。

八、受聘任妇女杂志编辑

当时，美国西部费城有柯尔狄斯夫妇，创办《妇女家庭杂志》*Ladies Home Journal* 正在物色一位可托的编辑。柯氏常读日报的“妇女之页”，赏识博克的取材，心目中认定这个人才，终于亲自到纽约来聘请他。

这又是一件不能不考虑的问题了。博克首先搜集各种妇女刊物，研究这类刊物的现状，同时省察自己的性质和能力。思考的结果，觉得去办杂志与自己心性很接近。

第二步骤便是找几位平日信任的朋友，讨论应否赴任。个个朋友都劝阻他。他们力言那杂志在出版界未有位置，而博克身在纽约最大的书局，登堂入室，扶摇直上，前途无可限量；纽约是文化中心点，倘若舍此而去偏僻的费城，势必埋没下去。

各种辩论当中，最后一个理论足使博克发生反感，他认定一个人无论在什么地方都不会遭埋没，只要本人不自暴自弃。油终于是浮水的，只问有没有油，不问那里的水。惟一的问题，就是自己的天性才能，是否适合于那件事业。这个问题，只有自己能够解答，别人无从代庖！

博克终于接受柯氏的聘书，向书局辞职，摒挡一切，便起程离纽约到费城去。临行对朋侪话别，他们仍然表示惋惜，叹道博克聪明一世，懵懂一时，此次转职，恐有后悔，很替他前途担忧。博克愈觉命运握在自己手里，一生事业之自决，责无旁贷。

一八八九年，二十六岁，博克就任《妇女家庭杂志》的编辑。

九、三十年如一日

博克任《妇女家庭杂志》编辑，柯氏仍负总理之责。柯氏办事勇往无畏缩，理财更有胆识，旁人有批评他太豪爽难免失败，其实这正是他有眼光的长处。柯氏和博克合作精神如父子——说也奇怪，他俩终于结成岳父和女婿的关系。

博克在任三十年，这二十年的经过，和杂志逐渐发展的情形，叙述起来，不是短少说话所能尽，现在将他卸职那年为止，杂志的状况举出几点罢：

一，杂志的销数增至每期二百万册，成世界最大的杂志。

二，读者通信请了三十五位专家答复，什么问题都尽量解答。最后一年中收信一百万封。

三，由杂志颁赠学额给家贫的男女学生，食宿学费全部供给，一共发出一千四百五十五个学额，造就了不少专门人材。

四，请建筑家绘新式小住宅详细图样多种，给读者采用，各省小家庭住宅，因此大受改良。

五，指导园艺和屋内布置，每期印彩画四幅，使普通家庭有好的美术点缀。

六，欧战时期，指导后方妇女服务责任，如胡佛（按：即现任美总统）的粮食节制计划也先在该杂志发表，又由杂志发起赈灾募捐，集大批现款和衣料食物送到战地灾区。

七，每期所发表的文艺，多特约精品；论说注重实际。因此读者年年增加。

从这几点看来，可知那杂志已成了一个很大的服务机关了。而博克呢，也有快乐的家室和儿子，更有能力使老母尽量享受晚年的清福。他虽然只读过六年小学，现在竟有两间大学赠博士学位给他。

大战未完时，英国用战舰接他到欧洲视察阵地，不久宣布休战，便送他返美国。

在归途船上，博克计算任职将满三十年，而杂志的进程也告一段落，自己引退的时机快到了。

十、第三时期

完美的人生可分三时期，第一是“教育时期”，在这期内，尽量求学识；各人环境不同，求学方法也就不一而足，总之在能力范围内，作勤慎的修养罢。第二便是“建筑时期”，尽做人的责任，安置良好的家庭，然后可以专心于职业，到这田地，容易使人株守，或陷于权利而终身，所以完美的人生，非有第三时期不可。

所谓第三时期，便是自由服务。人谁未受过别人的扶助？谁对社会无所欠负？一旦有充足能力，岂不应乐于还报？虽然受薪金的工作，也是服务社会；可是纯粹的义服，毕竟是最上的服务；从这里可以证明爱人如己是实际而不是空谈。人生到这地步，精神上的快乐自难言喻。

因此，博克决意告退，董事局很了解他，只得请求他再留任一年，以便交代。

博克引退消息传出，又有许多人不以为然，说他不过五十五岁，精神壮健，经验和信誉大有可用，未曾鞠躬尽瘁而撒手，岂不可惜？

然而博克知道编辑部已有很完妥的组织，他自己可将余剩的精力去做自由服务。而且眼见工作人员多青年，何不完全给后进主持的机会？还有一点，博克决意先对阅者告别，免致将来万一读者要对他告别。三十年中，多少缺点蒙阅者原谅，受阅者爱戴，现在不想作无厌之求，凡事且留余地。

晚年引退：精神上快乐难以言喻。

世人每有易进难退的通病，贪得无厌，不知不觉成为职业的奴隶，那是多么苦恼的事。可是想达到自由服务的地步，必须有相当准备，健康和经济固然须无后顾之忧，而平日更要养成服务社会的习惯；否则一旦解职便无事可做，结果必很烦闷。

事业是公共的，不应占如己有。只要于事业有益，个人去留原不成大问题。至于成功，原是本分，并非什么足以夸耀的事，极其量只可告无愧而已。

博克告退后，精神上享受多年劳碌的果子，先哲说得好，"Give to the world the best you have, and the best will come back to you."“把你的好处献给世界，那些好处自然回到你身上。”

回顾奋斗的一生，惟有自勉勉人，抱着服务精神，肩负一种使命：——

"Make you the world a bit more beautiful and better, because you have been in it."

“使这世界美一点，好一点罢；因为你曾活在其中。”

各地名人访问

梁得所

——各地人物之访问，也是这次旅行的一部分工作，现在把河北省内的几段人物志，汇抄发表于这一期《良友》。

守山海关的何柱国

在庆无可庆的国庆日，我们由天津乘北宁路车向东北伪国的边境去。傍晚到秦皇岛下车，原本这站离山海关不过二十分钟路程，可是在此过夜比较安稳些，事实上就是在秦皇岛下车时，已有配着刺刀的日本兵向站长查问我们的来历了，在不平等条约之下，做中国人在自己屋内也要被监视。

次日早上到山海关，车站的冯君接电话来相候，领我们穿过道街，到万里长城东端的山海关，上面几个大字写着“天下第一关”。登楼东望，只见那借清兵入关媚外亡国的吴三桂的点将台，再远便是失去了的沃膏之地，在烟雾弥漫中看不清楚了。

关山摄影之后，去访警备司令第十九旅旅长何柱国。怎的“十九”这数目总是日本的对头。

在接见的客厅里，我们看见这位军官，是三十多岁的壮年，唇上留着黑而短的胡子。他是广西人，我们对话为便易就用粤语。谈到守关的情形，我问：

“近来此间还算平靖吧？”

山海关警备司令何柱国与本文作者梁得所先生。

“还好，只是前不久有过一次小冲突。那天晚上他们想偷占关前的小城，当下我们一面布阵开火，一面用电话交涉，他们知有准备，也就说是小部分行动即令退回。一场仗打不成，反像小孩子捉迷藏似的。”他说着摇头笑了一阵。

“假如他们不退呢？”我问。

“不退就只好打！”他庄重地续加解说，“打起来就不是山海关的小问题了。这里是双方接触前的线，一有事发生，平津紧急，牵动可就大了去；对方亦必同时影响很大的。所以大家都在戒备，比方昨晚是双十节，彼此防得更紧，弄到两点钟才得睡觉。”

“山海关和秦皇岛都驻有日军，在这种情形不应该叫他们退去吗？”

“不成呀！有《辛丑条约》在，除非宣战，他们是有驻军关内的权利。他们高兴时可在我们境内演习，演习起来可真可假，我们防备比真打仗还要麻烦。明明是敌人，却不能取敌对行为，古今历史无此例，中国实在无奇不有！”

“关外义勇军实况到底怎么样呢？”

“胜利是天天有胜利的，可是取攻不取守，使日军疲于奔命，目的在破坏他们的统治力。要国内一致有应付，义勇军才不致白牺牲。”

“对于出兵收复失地的计划，进行情形如何？”

“前数月高粱未割时，曾有实践之意，现在呢，大人先生们不是又闹意见吗！”

“请问张副司令主张如何？”

他沉默一会：“本来就为国仇家仇，张氏才与中央联合，也就因此促成沈阳事变，谁也没有不着急的；只是……”他抽了一口香烟，皱着眉头续说，“责任实在太重了。像我这样，在这里一年多了，不战不和的僵局，实在闷不过。”

一面要顾全局面，一面不甘于屈服，这种矛盾，自然是当局者痛苦的来由。天津《大公报》有评“做马占山易，做何柱国难”,也是从兼顾责任立论。然而大难临头的时候，迟早没有稳健之可言。

“其实，”何氏仿佛自语地说，“除非下了同归于尽的决心，事情是无从办起的。”

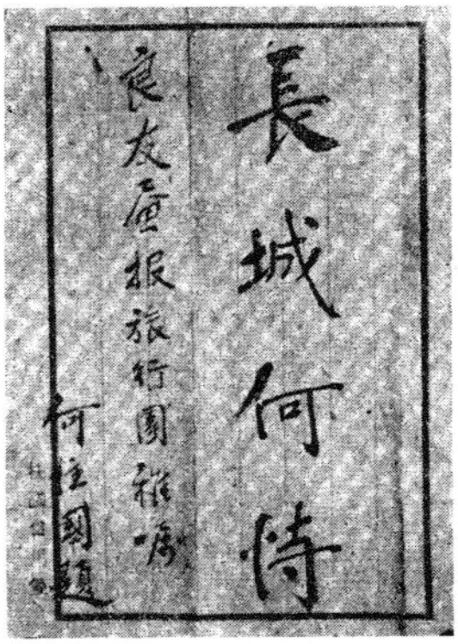

何司令题字。

在未告辞以前，何氏为我们杂志题了几个字，题的是“长城何恃”。回来有朋友看见说，他守城为什么说城不足恃，恐是“可恃”之误吧。我想，他并没有写错。秦始皇时代早已过去，中国今日所受的侵略决不是一座死城挡得住。现在我们从新筑造一座新的，活的——众志成城！

旧的城颓废了，新的活的砖石还是散着不能集拢，这便是目前中国的悲哀。

胡适博士

未来北平的时候，有朋友告诉我说，胡适之先生亦好摄影，曾将作品贴成一册“偶然的印象”。我想，胡先生的诗词文章，大家都常见；摄影的取材结构又怎样，这是画报的好材料。于是登门访索去。

胡氏所住的房子，大门内便是一个广阔的院子，厅前两列白石的雕栏，书室在西厢。那天胡氏正在续写他的《四十自传》，搁下笔来招呼：

“请坐，请坐。东西乱得很。”他把椅子移了一下，又把桌子堆着的书籍和稿纸推了一推。可是这轻轻一推对于桌面秩序是没有多大影响的。

坐下谈了一些关于上海近况的话，我便说了此来想得摄影作品寄回去发表。

在胡氏这是猜不到的罢。他笑着说玩的照片怎可以和专门的齐发表，同时仿佛不能叫人空手回去似的，他站起来向书架上找。“搁下太久，那本子不知放在哪里了。”他说了两次还是找不着。

我只好说改天找着请寄去罢。

还是仿佛不能叫人空手回去，他从抽箱拿出一个信封说：“我另送你一张照片罢。前几天一位荷兰女士来照的，这照片有点小道理，你看这屋子厅前的石栏杆，是从圆明园搬来的。”

“真的吗？怎样得来？”我接照片看。

“从前这屋子的主人大概有点面子罢，建筑时从园中搬些石栏来用，现在竟保全清代的一点遗物。”胡博士一辈子是有历史癖的。

我问及西北古迹有什么新发现可摄，胡氏便介绍去地质学研究会去找几本新的参考书。这一天我们摄影团分途工作，我是出来访人及买书。胡氏为今天访见的头一位，于是拿出一本未写过的簿子请留几个字。写的是“壮游从此始”。

本来，我们的行程已经一个月多了，现在怎可说开始呢？后来我想，也不是固意附会其说，其实这题句是有点小道理。所谓道理，我的意思是：——

适之先生是信仰西洋文化的，西洋文化这题目极大，往小处抽一点解说，就是无满足无止境的观念。比如中国所谓“毕业”，西洋称为Commencement，而Commencement这个字直译便是“开始”。

胡适之博士及圆明园之雕栏（荷兰女士韩妮Henny摄）。

今朝，或任何一朝，平凡的行程过了，就是未来壮游开始的时候。

不在家的蒋梦麟

从地质学会出来，到蒋梦麟先生家。对这位曾为教育次长的北大校长，我想把一般人日常谈论的两个问题问问。其一是大学考试制度和自由讲学制度，利弊比较，何者为上。其二男女教育应有平等机会，而事实上为家庭和年岁等等关系，是否如一般人见解女子不必读大学。

我把名片递给蒋公馆的门房，门房叫我等一等让他去传达。正在那时，来了一位年轻的女郎，披着皮大衣戴着巴黎式的呢帽，我一见之下联想到前不久蒋先生和一位青年孀妇结婚，大概这位就是新夫人罢。可是她踏进门口时，门房问她“您找谁？”她说“看蒋先生”。门房问她讨一张名片，她从那银灰色的皮手袋里拿出一张递给他，门房拿了两张名片进去，一会出来，对我说：“对不起，蒋先生不在家。”我说：“好，我改天再来罢。”我正在张望门外有没有洋车，只听见门房对那女郎说“蒋先生请”。我回头便见两个背影进屋院里。

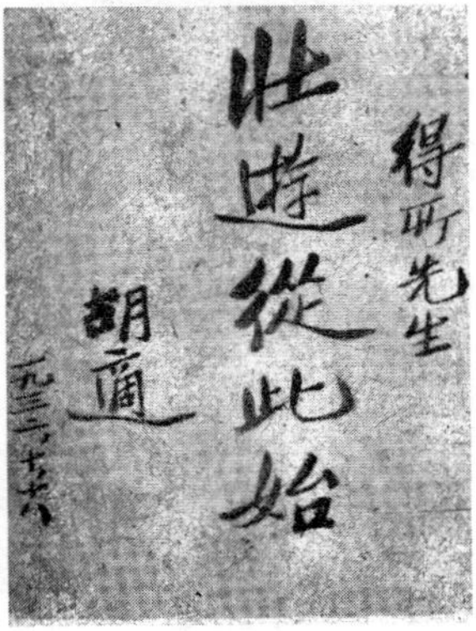

我在洋车上计算留平时日，大概不克再来访谒。待有机会再到北平而碰巧蒋先生在家时，再来请教罢。

老将军吴佩孚

中国武人当中，吴佩孚是不会被忘记的，虽然当年他是一个独裁不见容于民众的失败者。失败之后而还能够获得国人相当敬仰，皆因他保持一种书生的固执气概，即如不倚外人庇护，宁入深山不出洋；其次如发妻之外无妾姬，生活有秩序，(每天早起，这次访问是在早上八时接见的)。

吴氏客厅还挂着一幅戎装按剑的肖像，那是十年前当权的大帅，现在他是一个在野的文人了。那天在楼上书斋中，他很娴静地坐着看书，头戴着一顶黑天鹅绒小帽，身穿玄色细呢长衫，胡子不疏不密，头发却微有斑白了——这些都是坐下后看清楚的，进门骤见自然没有那么仔细。

普通招呼没有什么特别，只有一点可记的，我称他为

吴佩孚氏之最近摄影及其手题诗章。

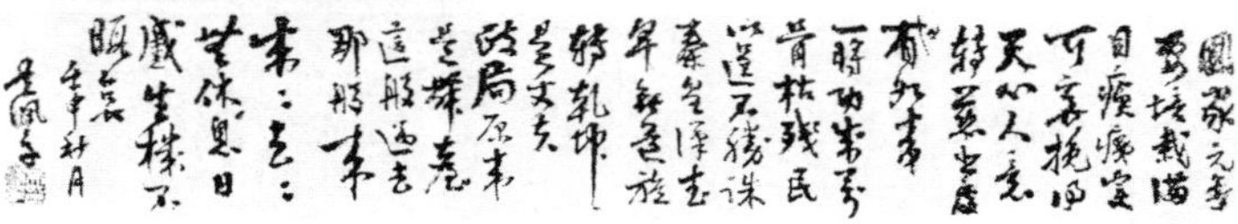

“大帅”。我未尝不想起这是废去的头衔，然而他留着的威仪使人不觉重忆他旧有的尊称。反正近年军政人物，称呼是换来换去的。

大概阅者们都想知道吴氏对于国事的观念和见解，所以当时谈话中我有这样的一问：“现在中国情形是这样，请问依大帅的见解，前途是悲观呢还是可以乐观呢？”

吴氏点点头，每个字很清楚地答：“悲观乐观都是人的观念罢，于事实原本没有一定标准的。”他发表一句颇有佛家意味的说话，双手捧着热茶的杯子仿佛借以取暖的，呷了一口续说：“讲到国家的盛衰，现在自然是以外国为比较，各有特长之处，西洋讲究科学，中国注重道德，道德为本，科学为用，双方兼并，国家无不强之理；只可惜我们现在得不着别人的长处，反而把自己的基本都丢掉，这样下去，国家前途是不堪设想的。”

他再把道德和科学申说：“道德最重要的，是朋友讲信义，父子夫妇循分相处，这些外国就不如中国。比如男女来往，中国和外国人比较，谁规矩一点，不用说可以知道。至于机器发明，卫生洁净，这些不妨学学外国。只是你看现在的人心，欺诈争夺，好的科学也给他们用坏了。”

对这位唯心论者，我问及他思想根据：“听说大帅近年研究佛经，请问改良人心的见解是否由此出发？”

“佛经我是外行，孔子道理我不外行。其实都是贯通的，就是连耶稣教，亦不外一个道字。”

“佛教讲慈悲，耶稣教叫人爱仇敌，与大帅一向主张之武力是否有消极积极的矛盾？”

"不！爱仇敌不是那么简单的。比如有人无故打我，我有力，必痛打他一顿，教训教训他，这才是彻底的爱仇敌。"他的眼睛睁了一下，安徽口音的官话说得很有劲。接着补充一句"至于《新约》里说人打你左颊连右颊也给他打，那未免言之过甚。我是主张以直报怨的，比如有人骂我，在背后说我的坏话，有机会见面时，我得表白表白。"

表白的话各人都有可说的，即如欧战后大罪归于一身的德皇威廉第二，亦曾作自传以卸战祸的责任。今朝时间不多，未能向吴氏请述当年战事的辩申。当下就请吴氏留影题字，题的是一首诗：

国家元气要栽培，满目疮痍实可哀；
挽得天心人意转，慈悲度世有如来。
一将功成万骨枯，残民以逞不胜诛！
秦皇汉室早无道，旋转乾坤是丈夫。
政局原来是舞台，这般过去那般来——
来来去去无休息，日蹙生机不暇哀！

此外吴氏又赠他所著的《循分新书》和《劝军人八德歌》等数本，都是治军的论著。是的，他对于佛教和《新约》《圣经》也许外行，却有一样是不外行的，那便是带兵打仗。吟诗念佛是疲劳后的一种休息而已，自信自尊造成固执的思想，吴佩孚至今还是吴佩孚。

摄影之后我告辞，挟着吴氏的诗书出来，心想自己不会吟哦无以为答，偶忆古人一句是谦是傲的话说：

“富于时书穷于命，
老在须眉壮在心！”

活佛班禅

西藏喇嘛教有两个活佛，红教的达赖得势，把黄教的班禅排挤出来，寄留中土已经十年了。最近班禅在北平太和殿唪经，盛典轰动一时。经礼结束后，一晚招待新闻记者，我凑巧未离北平，不错过被邀一见活佛的机会。

那天晚上与友人蒋君同去，到中南海公园，夜间只管跟着走，进什么殿什么堂都分不清楚了。

酒席是西菜。听说西藏吃饭和西餐相似，每人一份。所不同的，是用手指扒着吃，吃完就用衫襟揩手。襟头油渍愈多，愈显其人家境富有。

班禅多少已经汉化了。他穿着橙黄的长衫，柠檬色的马掛，式样与中土的相仿。只有一双绣着绿花的黄靴，最为别致。手里拿着一条白小帕，大概因为有点伤风。我的座位在主人斜对面三四尺，好在他说话声音虽很低也听得见，可是听见也不懂。头一次他按着右颊所说的，据他秘书翻译，是说“诸位请用餐，我今天牙痛不能奉陪”。

活佛班禅。

据说连着几天唪经坐在香烛火烟间，以致虚火上升。活佛有病了，谁医好他的，不是生菩萨才怪。

不一会，主人站起来演说。我们倾耳细听，半个字也不懂。可是抑扬顿挫的语调，听来就知道是在演说罢。每一长段有翻译，总括大意是：

“我到中土已经十年，从前的隔膜是没有了。对于中国和平统一，彼此同样抱着希望。我觉得现在政府已有好主义好计划，这好比有了一架好汽车。有好汽车必要有好路才开得快。路就是人心。要把人心的路修好，然后好主义好计划才可以推行。诸位工作是改良社会，和我日夜祈祷的目的异途同归；盼望以后多多帮忙，使佛光普照，众生幸福无尽。”

在黄色纱灯之下，光弱不能拍照。蒋君姑试两幅，我以为不成的。班禅的衣服黄色既不受摄，而且他脸部肤色近棕黑，感光大概比普通人像慢三四倍。

主人因为牙痛伤风先离席，我们和他的秘书谈了一些西藏风俗，也就有事告辞。

夜静了，古城中心的中南海公园，深陷于沉寂中之沉寂。沿堤行茫茫然不见众生，除掉柳树下三两对喁喁私语的情侣。

张学良之印象

张学良是会摄影的，他自己却不大上镜头。除了从前廿多岁时照过几幅英俊的相片外，近年所见都带着老而蹙的样子。现在可阅诉以告者，倘你和他对话，就觉得和照片所见不同。这位活泼的中国之 Prince of Wales，眉宇间还留着青年的神气，虽然两匹长胡子勉强把他装老了五六分。

那是我在北平最后的一夜，到顺承王府去，招待者引进部署里。由右边的甬道走，望见会客室灯下踱出来的，那便是中国海陆空军副司令。

张氏说话字句快得很：“久仰久仰，常读您的文章。”是握手时的话。

“很对不起，昨天司令电话来时，我在定县未回。明天离北平了，只得深夜来拜访。”那时大约是十点多钟了。

“到定县是去看平民教育实验吧？他们工作很努力。”张氏一边说一边移步厅内。

“是的，那边工作真有希望，可惜两天参观所得有限。”

坐上一张长沙发上，继续谈了一些经过路线和此行目的。

至于访见当地人物，也是此行的一部分工作。可是对于军政问题，今晚并不预备来探问。老实说因为有一种成见，现在当局的主要人物，对外问题是谈无可谈的；至于国内时局，张氏又为纠纷中人，讳莫如深的话更将无从说起。只忆张氏好摄影爱阅画报，我就为画报内容征求一点意见。因此说：

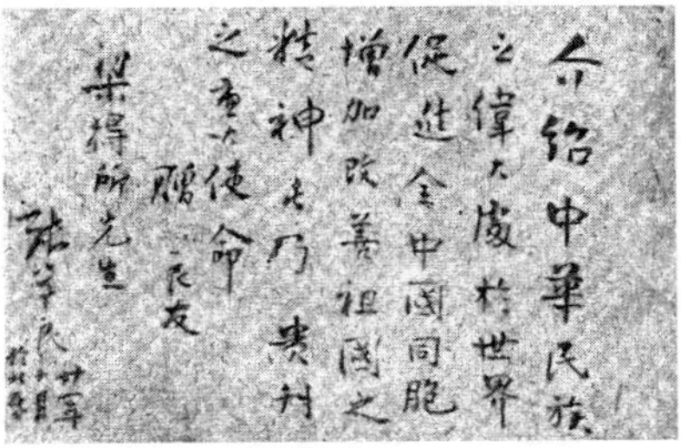

海陆空军副司令张学良的题字。

“司令对于摄影和画报平素明了，请问取材应该注重哪方面呢？”

“摄影和编报我谈不到明了，不过年轻时很爱好罢了。”他歇了一会说道，“我以为画报取材应该注重新闻，如果内容失了时间性，今天看亦可，明天看亦可，读者的兴趣就不深了。只是好的新闻照片中国还不多，摄的方法得再考究，这是你们可以提倡的。至于有些时事不许人拍照，那是不对的。”

“除新闻片外，其他材料呢？”

“其他材料以有兴味增见识为佳，如外国的London News Asia等杂志，大概您也参看过。”

“是的，那些杂志取材很广，我们这回旅行摄影，一部分是供给他们的。”我说了，继续谈了好些关于照片的话。我打算早回寓所收拾行李去，就拿簿子请题几个字。

他到隔壁书室拿了毛笔和墨盒来，左手持簿右手执笔，用吊腕来写，一边在说：“我的字不行，若是放大字面写更不行。”

无言的几分钟，我在看他身上素称入时的装束。虽然晚礼服领结上垂着两匹张作霖式的胡子，可是看他写字时右脚站着而左脚踏在椅子上，终于露出Prince of Wales式Sportsman的态度。

我接回簿子，在客厅门边说句告别的话。

“可惜时间短促，”张氏几指着甬道彼端的一班人，说，“那边有几位义勇军的代表，现在要接见。”歇一歇他续说：“我告诉您一个消息，今天他们有敢死队炸沈阳日军军营，不知牺牲了几个人的性命。”

沈阳，义勇军，这些问题今晚打算不提问的，而临走却听到。我真想究问下去，可是已经告辞在门口。

他的话还未断，语调却转了低沉：“可惜你们得不着他们的照片，近来死了好些不出名的英雄。”

听这句话是应该有所感动的，我不觉回答一句：“世界上最伟大的，是做了伟大事情而没有人知道。”

在回寓所去的车中，我脑里留着一点谜。自“九·一八”后举国共责的张学良，汪精卫因他不抵抗而愤然去国，我们在杂志上亦屡加指摘和讽刺。而另一方面有暗中接济和指挥义勇军的传闻与迹象。此两者之间不能没有谜题存在。

失地至今是失地，亡羊补牢未为晚。在我们热望多过冷观的人民的眼前，但愿张氏终有解答谜题之一日。

鲁迅自叙传略

鲁　迅

我于一八八一年生在浙江省绍兴府城里的一家姓周的家里。父亲是读书的；母亲姓鲁，乡下人，她以自修得到能够看书的学力。听人说，在我幼小时候，家里还有四五十亩水田，并不很愁生计。但到我十三岁时，我家忽而遭了一场很大的变故，几乎什么也没有了；我寄住在一个亲戚家，有时还被称为乞食者。我于是决心回家，而我的父亲又生了重病，约有三年多，死去了。我渐至于连极少的学费也无法可想；我的母亲便给我筹办了一点旅费，教我去寻无需学费的学校去，因为我总不肯学做幕友或商人，——这是我乡衰落了的读书人家子弟所常走的两条路。

其时我是十八岁，便旅行到南京，考入水师学堂了，分在机关科。大约过了半年，我又走出，改进矿路学堂去学开矿，毕业之后，即被派往日本去留学。但待到在东京的预备学校毕业，我已经决意要学医了，原因之一是因为我确知道了新的医学对于日本维新有很大的助力。我于是进了仙台（Sendai）医学专门学校，学了两年。这时正值俄日战争，我偶然在电影上看见一个中国人因做侦探而将被斩，因此又觉得在中国还应该先提倡新文艺。我便弃了学籍，再到东京，和几个朋友立了些小计划，但都陆续失败了。我又想往德国去，也失败了。终于，因为我的母亲和几个别的人很希望我有经济上的帮助，我便回到中国来；这时我是二十九岁。

我一回国，就在浙江杭州的两级师范学堂做化学和生理学教员，第二年就走出，到绍兴中学堂做去教务长，第三年又走出没有地方可去，想在一个书店去做编译员，到底被拒绝了。但革命也就发生，绍兴光复后，我做了师范学校的校长。革命政府在南京成立，教育部长招我去做部员；移入北京，一直到现在。近几年，我还兼做北京大学，师范大学，女子师范大学的国文系讲师。

我在留学时候，只在杂志上登过几篇不好的文章。初做小说是一九一八年，因了我的朋友钱玄同的劝告，做来登在新青年上的。这时才用“鲁迅”的笔名（Penname）；也常用别的名字做一点短论。现在汇印成书的只有一本短篇小说集《呐喊》，其余还散在几种杂志上。别的，除翻译不计外，印成的又有一本《中国小说史略》。

一九二五年六月 ·《语丝》所载

Mr. Lusen, distinguished Chinese writer in the new literary movement, and author of "True Story of Ah Q." Sketch by Suto Chao.
鲁迅画像　司徒乔作。

Mr. Lusen in his study.
著作时之鲁迅　梁得所摄 。

最近逝世之国学家梁启超

梁启超，广东新会人，生于西历一千八百七十三年，即逊清同治十二年，壮年颇负文名，极崇拜政治家及文学家。康有为光绪二十六年曾创刊《华字日报》于北京时，此报仅出一张，并系赠送，旋以戊戌政变，故不得已出奔国外，留日多年，遂在东京刊发一《华字日报》，鼓吹改良政治，嗣后屡游欧美各国，采访各国政治社会情形，由其创刊之《华字报》宣传，以资国人参考。辛亥武汉起义，共和政府成立，君回国居津门，又创刊《一日报》宣传政治学说。袁前总统世凯任君为司法次长，时君方从事《庸言报》，辞不就职。中华民国二年熊凤凰组阁，任君长司法，次年辞职，改任币制局总裁。当民国四年，日本致“二十一条”于中国时，君颇尽其文章之力，竭力反对，卒使日本不敢逞其所欲。民国五年，袁世凯称洪宪帝，君又尽力反对，旋赴云南联合其同学蔡松坡将军锷，倡议拥护共和甚力。民国六年欧洲参战问题发生，君应段祺瑞之召赴京，对于参战一节主张最力，未几段阁遂议决中国加入战团。同年七月张故上将勋倡复辟，段上将祺瑞马厂举义，君实与有力焉。旋被任为财政总长，兼监务署督办，冬，段祺瑞去职，君联带下野。民国八年渡大西洋，赴英国考察，次年回国。当君列席欧洲和会时，曾在法京巴黎考察。君系进步党中坚领袖，因著作遍海内，故极受中国邦人士所推崇，盖饮冰室主实老少皆知，年来专心学术，讲学于北大南开等学校。十八年一月十九日下午二时，病殁于协和医院，年五十六岁。

Liang Chi-chao, a Cantonese, well-known for his powerful writings, a scholar and reformer, who died recently at Peiping. He had held high posts in the Chinese Republican governmen, as Vice-Minister of Justice, Minister of Ninance, and was a great profounder in popular education movement.

梁启超遗像。

王云五先生传略

由学徒到编译所长

自修求学由博而专

发明四角号码开检字法之新纪元

图书统一分类法对于世界有贡献

记得本报第廿七期，曾介绍一位美国的博克先生，由电报局差童进而创办《妇女家庭》杂志；现在更得介绍一位本国的由学徒而到编译所长的王云五先生，他的工作，不单在一本杂志，并在于中国和世界学术上有贡献。

王云五先生，别字岫庐，广东中山人，幼年体弱，十一岁才入塾，读了三四年，便过学徒的生涯了。然而求学的心志，不因此而中辍，于是白天做学徒，晚上进夜学补习，同时自己尽心自修，不久入英人开办的同文馆学英文，往后五六年，自修英文进步很快，十九岁便担任中国公学中学部的英文教员，胡适之杨杏佛朱经农诸位先生都是他当时的学生，然而他不肯自足，仍是半教半读，因此对于教和学之间，有独到的心得，曾把对于学制改革的意见向教育部陈述。

民国元年，教育部长蔡元培先生请他到南京教育部去任科长，同时，又任先总理秘书，接着到北平去担任教育部专门司司长，并主编《民主报》，兼任国民大学北京大学教授，民国十年到现在，在商务书馆任编译所长，兼东方图书馆馆长。

由自修的结果，得通英，法，德，日，几国文字，他家里藏书过万，都是看过的，他一向是多方面的学者，早年置力数理化，又由外国函授学铁路工程，法律，更研究过医学，矿学。这样的博学，成为他现今事业的准备，也就是他的发明的基础。

讲到他的发明，有“四角号码”和“中外图书统一分类法”。四角号码系运用十个数码，代表中国字的笔画，用为字典和表册的检字法。经几年研究改良，得易学易检之结果，去年全国教育会议通过采用了，现在实行采用该检字法的机关已有百数十所，按照该法检字的人不下五十万。图书分类法注重中外统一，以学术系统的标准定其类别，采用者也很多。这两种发明，都有专书出版；至于发明权却放弃掉，他说：“收其实效的虽在一般国民，我个人却无异获得极大的报酬。”

他最近的工作，是着手编辑“万有文库”，目的是从汗牛充栋的书籍中，整理一部各方面主要而齐备的业书，而且以三数百元便可成立一个小规模的图书馆，给读书界切实的指导，和时间和金钱上的经济方法。这种工作，倘非一向博览，怎能着手呢？

不过他常说，徒然务博是不足的，所以几年来好专心深究一两件事情，像四角检字法便是一例。一个人的学识，倘但求博，每失于泛；倘只着力于局部，运用起来却又困乏。能够由博而专，外国一句谚语所谓“Know something of everything, and everything of something”。加以不住的努力，那么，上天不能不让这种人做成有益的工作。即使所做成的是小事，然而正如王先生所谓："倘人人都做成一件有益的小事，合全世界十六万万人做成有益的小事，世界岂不成了一个天堂！"

世界上，不为环境所限而奋斗成功的，都足以勉励我们向上，何况一位同国而同时代的人呢！为此趋访，见其年虽四十多岁而精神活泼如少年，特请予近影一幅，并参看《生活周刊》(第廿六期）和英文的《中国名人录》，略述几句话介绍于本报阅者；并谢王先生题字于首页。

Mr. Y.W.Wang, editor-in-Chief of the Commercial Press.
商务印书馆编译所长四角检字法发明者王云五先生近影。